Verlagsgesellschaft mbH

W0464748

Beten durch die Schallmauer

Impulse und Texte

herausgegeben von der
Bundesleitung der
Katholischen Jungen Gemeinde

KJG Verlagsgesellschaft mbH Neuss

KJG-Bundesleitung (Hrsg.)
Beten durch die Schallmauer
Impulse und Texte

10. überarbeitete Auflage
85.–92. Tausend März 1997
© KJG Verlagsgesellschaft mbH, Neuss
Redaktion: Martin Breiwe, Herbert Gube, Claus-Peter Hullmann, Martin Fuchs
Satz: EinSatz!, Meerbusch
Gesetzt aus der Berthold Garamond Medium
Herstellung: Clausen & Bosse, Leck
Vertrieb: KJG Verlagsgesellschaft mbH, Düsseldorfer Straße 4, 41460 Neuss
Telefon (0 21 31) 56 89-24, Telefax (0 21 31) 56 89-87

Printed in Germany. Alle Rechte vorbehalten. Die Vervielfältigung oder Übertragung einzelner Teile oder Texte ist nach dem geltenden Urheberrecht nicht gestattet. Die Copyrights für die Zusammenstellung liegen bei der KJG Verlagsgesellschaft mbH, Neuss.

ISBN 3 929176 15 7
Dieses Buch ist gewässerschonend und unter Verwendung von Umweltschutzpapier produziert worden.

Kapitelübersicht

Josef Reding

Neue Not braucht neue Namen

Ein Vorwort

»Nach Auschwitz kann man kein Gedicht mehr schreiben.« Dieser Satz stammt von dem Philosophen und Gesellschaftswissenschaftler Theodor W. Adorno (1903–1969).

Ich habe Adorno nach seiner Rückkehr aus der Emigration befragen können. Zu der zitierten These sagte er: »Es ist damit nicht gemeint, daß nach der Schreckensherrschaft Hitlers und seiner Vasallen das Schreiben von Lyrik etwa der jungen Generation unmöglich wäre. Aber unmöglich ist nach den Erfahrungen der Demütigungen, Folterungen und Massenmorde in den nationalsozialistischen Konzentrationslagern das ungebrochene Weiterschreiben wie zuvor. Nach diesem entsetzlichen Einschnitt ist ja auch kein unverändertes Weiterleben mehr möglich.«

Das Gespräch mit Adorno kam mir beim Lesen der meisten Texte von BETEN DURCH DIE SCHALLMAUER in die Erinnerung. Nicht nur nach Auschwitz und Oradour, nach Lidice und Dresden sind manche überkommene Gebete zu Worthülsen geworden. Auch Erfahrungen in den Jahrzehnten nach dem Zweiten Weltkrieg haben einige Gebetsformeln entwertet. Wie will ich mit meinen Kindern mein früheres »Abends, wenn ich schlafen geh, vierzehn Englein um mich stehn...« sprechen, wenn sie im Nachrichtenblock des Fernsehens die Bilder von verhungernden Säuglingen in Äthiopien gesehen haben?

Die Herausgeber von BETEN DURCH DIE SCHALLMAUER waren konsequent. Sie haben Texte ausgewählt, in denen heutige Bewußtseins-Inhalte verarbeitet und wiedergegeben werden. Da sind Stichworte wirklich stechende Worte. Wohlstands-Gewohnheiten? – Phil Bosmans: »Stundenlang kannst du dein Auto putzen / Zum Kleiderkaufen hast du Zeit genug...« Unterdrückung in Lateinamerika? – Frei Beto: »Ave Maria / schwanger mit den Hoffnungen unserer Armen...« Überrüstung? – Matthias, 16 Jahre: »Herr / es steht schlimm um uns / Raketen in Ost und West...« Friedenssehnsucht? – Udo Kilimann: »Eines Tages im Frühling in einer Stadt / da werden die Kinder aufstehen / fordernd, daß wir sie den Frieden lehren / Und es wird noch nicht zu spät sein...«

Diese Bitten, Rufe, Beschwörungen und Fragen machen einen wesentlichen Teil von BETEN DURCH DIE SCHALLMAUER aus. Der Titel ist bewußt gewählt. In vielen Texten wird der Versuch gemacht, Mauern zu durchdringen. Die Mauern der Gleichgültigkeit, der Ich-Sucht, der Aggression, der Isolation. Zugegeben: Mancher dieser Texte bleibt Versuch, kann die Schallmauer nicht durchstoßen, nicht überwinden. Aber jeder Versuch zählt in einer Zeit, wo allgemeine Resignation um sich zu greifen droht.

Die Unterschiedlichkeit der Texte und ihrer Autoren, sonst von der Kritik oft als Nachteil eines Werks gerügt, erweist sich bei diesem Gebetband als Vorteil. Es entspricht der Situation, wenn Namen von neunjährigen Kindern hier neben weltweit bekannten Autoren stehen. Das Kind hat ähnliche Befürchtungen wie der Literaturpreisträger, der Jugendliche ähnliche Nöte wie der Erwachsene, denkt man an die Vergiftung von Umwelt und Atemluft, an Arbeitslosigkeit und Zukunftsangst, an Ost-West-Spannung und Nord-Süd-Gefälle.

Aber BETEN DURCH DIE SCHALLMAUER enthält nicht nur berechtigte Anklagen gegen die Ursachen und Verursacher von Leid und Elend. Es finden sich auch zahlreiche Lobpreisungen des Schöpfers und seiner Schöpfung, hier spannt sich der Bogen von Robert Musil (»Etwas schön finden / heißt ja wahrscheinlieh vor allem / Es finden.«) bis zur brasilianischen Aussage (»Unser Gott ist ein Gott, der rettet...«).

Dieses Ja-Sagen zur Erde, zum Leben und zum Spender allen Lebens hat sich gegenüber Aussagen aus früheren Epochen ebenfalls verändert. Das heutige Lob Gottes weiß auch um die Beschädigung seines Entwurfs dieser Welt durch den Menschen, um die mangelhafte Weiterentwicklung seines Musters vom Leben. Und das heutige Lob Gottes ist von dem Wissen bedrückt, daß der Mensch die Apokalypse, die Auslöschung dieser Welt und des Lebens auf ihr, zu jeder beliebigen Sekunde herbeiführen kann.

Neue Not braucht neue Namen. Die Autoren dieses heutigen Buchs zum Beten haben die neuen Namensgebungen gewagt. Und was an Namen, an Bezeichnungen, an Bitten und Dank neu und brauchbar gefunden wurde, wird an die Mitmenschen weitergegeben. Diese Mitmenschen leben vielleicht allein. Oder in Gemeinden. Oder allein in Gemeinden.

...aber wehe, ich erwische dich beim Beten!
beten heute

Das Gebet des Herrn:

Jesus betete einmal an einem Ort; und als er das Gebet beendet hatte, sagte einer seiner Jünger zu ihm: Herr, lehre uns beten, wie schon Johannes seine Jünger beten gelehrt hat. Da sagte er zu ihnen: Wenn ihr betet, so sprecht:

Vater, / dein Name werde geheiligt. / Dein Reich komme.

Gib uns täglich das Brot, das wir brauchen.

Und erlaß uns unsere Sünden; / denn auch wir erlassen jedem, was er uns schuldig ist. / Und führe uns nicht in Versuchung.

LUKAS 11,1–4

Unterbrich mich nicht, Herr – ich bete!

Beter: »Vater unser, der du bist im Himmel...«

Gott: »Ja?«

»Unterbrich mich nicht! Ich bete!«

»Aber du hast mich doch angesprochen!«

»Ich dich angesprochen? Äh... nein, eigentlich nicht. Das beten wir eben so: Vater unser im Himmel!«

»Da, schon wieder! Du rufst mich an, um ein Gespräch zu beginnen, oder? Also, worum geht's?«

»Geheiligt werde dein Name...«

»Meinst du das ernst?«

»Was soll ich ernst meinen?«

»Ob du meinen Namen wirklich heiligen willst? Was bedeutet denn das?«

»Es bedeutet... es bedeutet... meine Güte, ich weiß nicht, was es bedeutet. Woher soll ich denn das wissen?«

»Es heißt, daß du mich ehren willst, daß ich dir einzigartig wichtig bin, daß dir mein Name wertvoll ist.«

»Aha, hm, das verstehe ich.
Dein Reich komme, dein Wille geschehe, wie im Himmel also auch auf Erden...«

»Tust du das wirklich?«

»Daß dein Wille geschieht? Natürlich! Ich gehe regelmäßig zum Gottesdienst, ich zahle Kirchensteuer und Missionsopfer.«

»Ich will mehr: daß dein Leben in Ordnung kommt, daß deine Angewohnheiten, mit denen du anderen auf die Nerven gehst, verschwinden, daß du von anderen her und für andere denken lernst: daß allen Menschen geholfen wird und sie zur Erkenntnis der Wahrheit kommen, auch dein Vermieter und dein Chef. Ich will, daß Kranke geheilt, Hungernde gespeist, Trauernde getröstet und Gefangene befreit werden. Denn alles, was du diesen Leuten tust, tust du dann für mich.«

»Warum hältst du das ausgerechnet mir vor? Was meinst du, wieviel stinkreiche Heuchler in den Kirchen sitzen? Schau die doch an!«

»Entschuldige, ich dachte, du betest wirklich darum, daß mein Herrschaftsbereich kommt und mein Wille geschieht. Das fängt nämlich ganz persönlich bei dem an, der darum bittet. Erst wenn du dasselbe willst wie ich, kannst du ein Botschafter meines Reiches sein.«

»Das leuchtet mir ein. Kann ich jetzt mal weiterbeten? Unser tägliches Brot gib uns heute...«

»Du hast Übergewicht, Mann! Deine Bitte beinhaltet die Verpflichtung, etwas dafür zu tun, daß die Millionen Hungernden dieser Welt ihr tägliches Brot bekommen.«

»Und vergib uns unsere Schuld, wie auch wir vergeben unseren Schuldigern...«

»Und dein Arbeitskollege?«

»Jetzt fang' auch noch von dem an! Du weißt doch, daß er mich öffentlich blamiert; daß er mir jedesmal dermaßen arrogant gegenübertritt, daß ich schon wütend bin, bevor er seine herablassenden Bemerkungen äußert. Das weiß er auch! Er nimmt mich als Mitarbeiter nicht ernst, er tanzt mir auf dem Kopf herum, dieser Typ hat...«

»Ich weiß, ich weiß! Und dein Gebet?«

»Ich meine es nicht so!«

»Du bist wenigstens ehrlich. Macht dir das eigentlich Spaß, mit soviel Bitterkeit und Abneigung im Bauch herumzulaufen?«

»Es macht mich ganz krank.«

»Ich will dich heilen. Vergib ihm doch, und ich vergebe dir. Vielleicht vergebe ich dir auch schon vorher. Dann sind Arroganz und Haß seine Sünde und nicht deine. Vielleicht verlierst du Geld; ganz sicher verlierst du ein Stück Image. Aber es wird dir Frieden ins Herz bringen.«

»Hm, ich weiß nicht, ob ich mich dazu überwinden kann.«

»Ich helfe dir dabei!«

»Und führe uns nicht in Versuchung, sondern erlöse uns von dem Bösen...«

»Nichts lieber als das. Melde bitte Personen oder Situationen, durch die du versucht wirst.«

»Wie meinst du das?«

»Du kennst doch deine schwachen Punkte: Unverbindlichkeit, Finanzverhalten, Sexualität, Aggression, Erziehung. Gib der Versuchung keine Chance.«

»Ich glaube, dies ist das schwierigste Vaterunser, das ich je betete. Aber es hat zum erstenmal etwas mit meinem alltäglichen Leben zu tun.«

»Schön! Wir kommen vorwärts. Bete ruhig zu Ende.«

»Denn dein ist das Reich und die Kraft und die Herrlichkeit in Ewigkeit. Amen.«

»Weißt du, was ich herrlich finde? Wenn Menschen wie du anfangen, mich ernst zu nehmen, echt zu beten, mir nachzufolgen und dann das zu tun, was mein Wille ist. Wenn sie merken, daß ihr Wirken für das Kommen meines Reiches sie letztlich selbst glücklich macht.«

Clyde Lee-Hereng

wie immer wir guido merengo nennen

zum betonmischer
guido merengo
gehen
und deinen
aufschnitt
und sein brot
mit ihm teilen
und das gespräch
über die
sendung
cordialmente
d'all italia
gestern abend
und ihm sagen
daß deine Kinder
bertram gisela bernd
seine Kinder
beatrice angelo massimo
zum spielen einladen
und daß deine
familie
seine familie
zum leben einlädt
dann erst
beten
für gastarbeiter
oder wie immer
wir guido merengo
und andere
mitmenschen
nennen.

Josef Reding

O Gott,

ich wollte schon immer mit dir reden, ich wollte beten, mit eigenen Worten, mit den Worten anderer, beten mit Formeln, Gebete aufsagen. Ich wollte etwas leisten vor dir, denn ich habe keine Geduld, so lange zu hören, und du brauchst oft so lange, bis du dich aussprichst in mir, bis du ankommst mit deiner Stimme. Vielleicht ist es, weil ich so weit weg bin und so verstrickt in meine Sorgen. Bis sie abklingen, meine Gedanken, bis sie sich langsam zurückziehen, braucht es lange, und da fehlt mir die Geduld.
O Gott, es fehlt mir die Geduld, mich aufzutun. Doch ab und zu hast du mich überrascht. Ich bin einfach dagesessen und hatte keine Lust zum Reden, und ich war einfach offen. Ich war einfach nur da, und du warst auch da, und ich tat nichts, gar nichts, ich wartete nur. Da erfuhr ich, wie schön es ist, wenn du bist. Ich hatte es vorher nicht erfahren, solange ich nicht begriffen hatte, was Beten ist. Beten ist nicht Worte machen, Beten ist stilles Lieben und sich lieben lassen, Beten ist hören und spüren, daß du nahe bist, o Gott.

Josef Dirnbeck
Martin Gutl

Manche beten
zwischen knorrigen Ästen
und brauchen Sterne
oder Abendfarben zur Andacht
Laß mich
die Städte erproben:
Manchmal zeigen
die rechten Winkel der Fenster,
die Statik der windigen Brücke,
das Gleichmaß der Türme,
die unsichtbaren Kanäle,
das Gewirr der Drähte,
die Häuserzeilen,
Signalanlagen,
Baustellen,
Lichter,
Hallen,
Bahn –
manchmal zeigen sie
augenblickslang
und schattenlos
dein Gesicht, Gott.

Bernhard Lang

Herr,

Du, den wir so oft nicht kennen,
du, den wir trotz allem rufen:
unser Gott,

in der Geschäftigkeit unseres
Alltags hetzen wir von Ereignis
zu Ereignis, von Termin zu Termin,
von Fernsehabend zu Fernsehabend,
von einer Empfindung zur andern.
Wir haben keine Zeit,
wir vertreiben die Zeit.
Wir halten es bei uns selbst nicht
aus, und auch bei den anderen kommen
wir nicht zur Ruhe.
Immer bleiben wir an der Oberfläche,
und an dieser Oberfläche
kommst du nicht vor.

in der Geschäftigkeit
unseres Lebens
vergessen wir leicht,
daß in erster Linie
auch du ein Partner
bist, dem wir die
regelmäßige Korrespondenz
unseres Betens schulden.

Aber manchmal machen wir die Erfahrung einer ungeahnten Tiefe,
wenn ein Wort uns trifft,
ein Freund uns umarmt,
ein Fremder uns Heimat schenkt.
Dann wird auf einmal
das Wort, das uns trifft, dein Wort,
die Hand, die uns hält, deine Hand,
der fremde Mensch eine Botschaft
von dir. So lädst du uns ein,
uns selbst zu finden,
die Menschen zu finden,
dich zu finden.

Laß uns allen Ernstes
darüber nachdenken,
wie oft wir dich
darin vernachlässigt
haben, und hilf uns
in deiner Güte, die
stockende Korrespondenz
wieder in Gang zu
bringen oder ihre
festgefahrene
Thematik zu erweitern.

Du, den wir so oft nicht kennen,
du wirst uns finden, du unser Gott,
heute und alle Tage und bis in
Ewigkeit.

DIETHARD ZILS

Ich hab' dich verloren

Ich kann nicht beten, Herr.
Ich suche nach Worten,
aber ich finde keine.
Nur hohle Phrasen
kommen mir in den Sinn.
Herr, du bist in unendlicher Ferne.
Ich habe dich verloren.
Wo bist du? Wo soll ich dich suchen?
Warum zwingst du mich, Herr,
diese Wüste zu durchqueren?
Spröde sind meine Lippen,
und meine Knie wanken.
Wie soll ich da durch diese Wüste kommen?
Mein trockener Mund schreit nach dir,
der du Worte des ewigen Lebens hast,
und wie herrliches kühles Wasser
wäre dein Wort für die Wüste in mir.
Herr, höre mein Flehen.

Adolf Exeler

Beten ist wie...

ein Gespräch führen...
Hoffnung schöpfen...
das Wissen, geliebt zu werden...
ein Prägeeisen, das nur dort tiefe Merkmale brennt, wo es mit dem Holz in unmittelbare Berührung kommt...
Sonnenschein nach dem Regen...
ein ruhiger See...
ein unerschöpflicher Kraftspender...
Schöpfen aus einer Quelle in der Wüste...
Luftholen im Streß des Alltags...
eine Oase...
ein Gespräch mit meinem besten Freund, dem ich alles sagen kann und der mich ganz kennt...
Auftanken an einer Tankstelle, die immer kostenlos Benzin hat, das ich auch weitergeben darf...
an der Hand geführt werden...
Greifen nach einem Halt...
Aufgehen einer Blüte...
eine Schleife binden, die immer wieder aufgeht...
...

Adolf Exeler

Mit dem Wort Gottes

Als sie ihn fragten,
was er zu
Prag, My Lai, Belfast sage,
holte er tief Atem und –
verkündete ihnen das Wort Gottes.

Mit dem Wort Gottes
drückte er sich vor seinem Wort.
Mit dem Wort Gottes
drückte er sich vor einer Antwort.

Mit dem Wort Gottes
drückte er sich vor Verantwortung.
Mit dem Wort Gottes
drückte er sich herrlich aus.

Wir wollen Worte hören.
Wir wollen Antworten hören.
Wir wollen Verantwortliches hören.
Wir wollen keinen Wortwart.

Als sie ihn fragten,
was er zu
Prag, My Lai, Belfast sage,
holte der tief Atem und –
verkündete ihnen das Wort Gottes.

Er zitiert das Wort Gottes,
um nicht selber reden zu müssen.
Er borgt sich das Wort Gottes,
um besser schweigen zu können.

Er hegt und pflegt das Wort Gottes,
damit man nicht merkt,
daß er nichts zu sagen hat.
Er stöbert nach dem Wort Gottes,
um sein Versagen zu tarnen.
Er bietet in Hülle und Fülle
Wort Gottes an,
um sich besser versagen zu können.

Wir warten auf das Wort.
Wir warten auf Antwort.
Wir warten auf Verantwortliches.
Wir erwarten keinen Wortwart.

JOSEF DIRNBECK

Fegen erlaubt

Was hast du
hier im
Gotteshaus
zu suchen!?
fragt der
Weiße.

Ich fege hier
aus,
sagt der
Schwarze.

Ach so,
sagt der
Weiße,
ich dachte
schon,
du wolltest
hier beten.

Josef Reding

Ein in Meditation erfahrener Mann wurde einmal gefragt, warum er trotz seiner vielen Beschäftigungen immer so gesammelt sein könnte. Er sagte:
wenn ich stehe, dann stehe ich
wenn ich gehe, dann gehe ich
wenn ich sitze, dann sitze ich
wenn ich esse, dann esse ich
wenn ich spreche, dann spreche ich...

Da fielen ihm die Fragesteller ins Wort und sagten: Das tun wir auch, aber was machst du noch darüber hinaus?
Er sagte wiederum:
Wenn ich stehe, dann stehe ich
wenn ich gehe, dann gehe ich
wenn ich sitze, dann sitze ich
wenn ich esse, dann esse ich
wenn ich spreche, dann spreche ich...

Wieder sagten die Leute:
Das tun wir doch auch.
Er aber sagte zu ihnen nein,
wenn ihr sitzt, dann steht ihr schon
wenn ihr steht, dann lauft ihr schon
wenn ihr lauft, dann seid ihr schon am Ziel...

Ein Zen-Mönch

Als mein Gebet
immer andächtiger und innerlicher wurde,
da hatte ich immer weniger und weniger zu sagen.
Zuletzt wurde ich ganz still.

Ich wurde,
was womöglich noch ein größerer Gegensatz
zum Reden ist,
ich wurde ein Hörer.

Ich meinte erst, Beten sei Reden.
Ich lernte aber,
daß Beten nicht bloß Schweigen ist,
sondern Hören.

So ist es:
Beten heißt nicht sich selbst reden hören.
Beten heißt:
Still werden und still sein und warten,
bis der Betende Gott hört.

Sören Kierkegaard

Gebet für alle

Eine Minute Schweigen,
und danach sage ich euch, wem sie gilt.
Oder wäre eine Minute Protest besser?
Sie gilt nicht den Toten
noch der ermordeten Unschuld.
Sie gilt den Lebenden,
die doch umsonst sterben.
Denen, die leiden und deren Schmerz keine Zukunft hat.
Denen, die arbeiten und dennoch Hunger schieben.
Denen, die in Gefängnissen und Fabriken
sich nach einem Sonnenstrahl der Freiheit sehnen.
Dem Einsamen, der in der Menge
vergeblich nach einem Freund sucht.
Den Heimatlosen,
den Notleidenden,
den Besitzlosen,
die im eigenen Vaterland die Heimat suchen.
Denen, die kein Dach über dem Kopf haben
und die tagtäglich bang darauf hoffen,
daß die Sonne für alle scheint.

Denen, die nichts besitzen,
nicht einmal einen Meter Erde für ihr Grab.
Denen, die im Traum ein liebes Gesicht sehen
und die beim Erwachen der Haß,
die Raffsucht
und der Schwarzmarkt der Seelen erwartet.
Denen, die Angst vor dem Leben haben;
und diese Angst macht sie zu Feiglingen,
tötet in ihren Herzen
Mut, Aufrichtigkeit und Hoffnung.
Denen, die hassen und töten und nicht wissen,
warum sie es tun,
und in ihrem brutalen Vorgehen
zittert eine schwache Sehnsucht
nach der Liebe zwischen den Menschen.
Der armseligen Nutte, ein ums andere Mal
von Pharisäern
mit Steinen beworfen.
Den Gedemütigten, deren einzige Würde
in der kalten Klinge ihrer Dolche aufzuckt.
Den Atomwissenschaftlern,
die die tödliche Formel im chemischen Labor entdecken
und die in Hochstimmung
den Sieg des Geistes feiern.

Kurzum ... ein Gebet für alle:
für dich, für mich,
damit die Tyrannei des Kreuzes
und des Kerkers ein Ende finde,
und damit wir in diesem Leben
jene Glückseligkeit genießen,
die man uns für das nächste Leben verspricht.

Gonzalo Anrango
Argentinien

Manche Wörter
sind wie Eintrittskarten
nach dem Fest:
zerknittert,
unleserlich geworden,
sinnlos.
Man hat sie durch Definitionen
unbrauchbar gemacht
und in Wörterbüchern gebunden.
Laß uns Wörter sammeln,
die leben
und sich für unsere Klage eignen;
Sätze,
in denen Himmel und Erde
wieder verwechselbar sind,
in denen Gott wohnen kann.
Gott,
gib uns eine neue Sprache,
über uns und dich zu reden,
damit dein Sinn
wieder in unsere Sätze findet
und nicht wortlos
draußen im Freien
zerflattert.

Bernhard Lang

Ich weiß:
Wörter sind Waffen.
Mißbrauch der Wörter
»vergiftet die Quellen,
unterminiert die Brücken«.*
Ich habe die Wörter mißbraucht.
Mit Sätzen habe ich Wunden geschlagen.
Immer neue Wörter habe ich gesucht,
um immer neue Wunden zu schlagen.
Wort gegen Wort habe ich ausgespielt.
Wörter galten mir nichts.
Schweigend beginne ich neu.
Im Schweigen
liegt weder Lüge noch Verführung.
Lehre mich zuerst schweigen.
Und dann den Gebrauch der Wörter.

Bernhard Lang

* Dag Hammarskjøld

Solange du abwesend bist,
bleibt uns nur:
das Leben Jesu
und das der Propheten
wie eine Landkarte
auswendig zu lernen.
Laß uns dort
die Wörter finden,
die uns fehlen,
die Sicherheit,
die uns abgeht,
und die Liebe,
zu der wir noch unfähig sind.

BERNHARD LANG

Unruhig ist unser Herz

»Du selber reizest an, daß Dich zu preisen eine Freude ist; denn geschaffen hast Du uns zu Dir, und unruhig ist unser Herz, bis es seine Ruhe hat in Dir.« AUGUSTINUS

Unruhig ist unser Herz,
bis es ruht in Gott.

Unruhig ist unser Herz,
und darum dürfen wir nicht so tun,
als ruhten wir schon in Gott.

Unruhig ist unser Herz,
und darum dürfen wir uns nicht ausruhen,
solange die Welt so ist, wie sie ist.

Unruhig ist unser Herz,
und darum müssen wir reden und kämpfen,
solange so viel Unrecht geschieht.

Unruhig ist unser Herz,
und darum müssen wir unsere Talente nützen,
solange so viel Hilfe gebraucht wird.

Unruhig ist unser Herz,
bis es ruht in Gott.

Und unruhig war auch
das Herz des Jesus von Nazareth,
der nicht im Lehnstuhl eingenickt,
sondern am Kreuz erstickt ist.

JOSEF DIRNBECK
MARTIN GUTL

Zwischen Glauben und Glauben

»Wenn eure Gerechtigkeit nicht weit vollkommener sein wird als die der Schriftgelehrten und Pharisäer, werdet ihr nicht hineinkommen in das Himmelreich« (Mt 5,20)

Zwischen Glauben und Glauben
besteht ein Unterschied.

Es gibt einen Glauben,
der trennt, und einen,
der zusammenführt.
Es gibt einen Glauben
der fordert und richtet,
und einen, der hinweist und hilft.
Es gibt einen Glauben,
der tötet, und einen,
der stützt und ermutigt.
Es gibt einen Glauben,
der zum Verständnis befreit,
und einen, der Intoleranz fördert.
Es gibt einen Glauben,
der auf den Menschen zielt,
und einen, der von ihm ablenkt.
Es gibt einen Glauben,
der Wege zur Hilfe zeigt,
und einen, der alles zum Schicksal erklärt.
Es gibt einen Glauben,
der Tränen trocknet,
und einen, der hartherzig macht.
Es gibt einen Glauben,
der Tote zum Leben erweckt,
und einen, der Leben verhindert.
Es gibt einen Glauben,
der die Phantasie anregt,
und einen, der einfallslos macht.

Zwischen Glauben und Glauben
besteht ein Unterschied.

Josef Dirnbeck
Martin Gutl

Beten
indem man atmet
nachdenkt die Augen
schließt sich verwahrt
sich auftut und schaut
plant organisiert es
gut machen will
die Sache einrenkt
weiterdenkt
Beten im Gehn
auf eigenen Beinen
auf dieser Straße
in und mit dieser Welt
Gebet als Arbeit
die Phantasie und die
schwielige Hoffnung
die Aufmerksamkeit
der innere Ruck
das Telefongespräch
oder am Reißbrett am
Schalter am Schreibtisch
die Feile in der Hand
die Schürze um
Beten im Alltag
in allem und jedem
zu Hause das Glück das
Glas in der Hand
Umarmung im Schweiß
Gebet mit der Haut
mit den Fingern der Zunge
geflüstert gestreichelt
verströmende sich
vergessende Andacht
das Einssein der Puls
die Mitternachtsmette
und der Morgen in Grau
das Augenreibgebet
auf ein Neues macht's gut
und ach Gott und nur so
und doch
einfach Vertrauen

Lothar Zenetti

Ich begann zu beten

Ich hatte eine Zeit,
da war ich blind.
Ich dachte, was alle dachten.
Ich sagte, was alle sagten.
Ich tat, was alle taten.
Ich hatte eine Zeit,
da kaufte ich Andachtsbildchen,
da reihte ich Rosenkranz an Rosenkranz,
da betete ich täglich dreißig Psalmen.
Ich hatte eine Zeit,
da tat ich meine Pflicht,
da dachte ich in Schablonen,
da war für mich die Welt weit weg.
Ich hatte eine Zeit,
da war ich blind.

Da bin ich aufmerksam geworden.
Da merkte ich: vieles stimmt nicht.
Sie reden vom Sachzwang
und zerstören den Menschen.
Sie reden vom Frieden
und handeln mit Waffen.
Sie verdienen an den Gastarbeitern
und an der Dritten Welt.
Sie hassen einander
und gehen gemeinsam zum Gottesdienst.
Da bin ich aufmerksam geworden.

Da bin ich aufmerksam geworden.
Da habe ich die Bibel gelesen.
Einer versuchte den geraden Weg,
berief sich auf Gott,
sagte die Wahrheit.
Ich las von seinem Untergang
und las von seiner Auferstehung.
Da bin ich aufmerksam geworden.

Da begann ich zu fragen.
Wer ist schuld, daß die Welt
so ist, wie sie ist?
  Wir?
  Niemand?
  Gott?
  Sonst wer?
Wer wird sie verändern?
  Wir?
  Niemand?
  Gott?
  Sonst wer?
Wer tut etwas?
  Wir?
  Niemand?
  Sonst wer?
Da begann ich zu fragen.
Ich begann zu beten.

JOSEF DIRNBECK
MARTIN GUTL

Petrus und Judas

Schuldig sind sie beide geworden.
Der eine verleugnet,
der andere verrät.
Wer will die Schuld bemessen?
Der eine weint und findet sich wieder.
Der andere verzweifelt und erhängt sich selbst.
Der eine stirbt als Papst,
der andere als Verräter.
Zwei Menschen, zwei Apostel, zwei Erwählte.
Der gleiche Gott für Judas und für Petrus.
Wer kann mich daran hindern,
auch für Judas noch zu hoffen!

MARTIN GUTL

Gebete aus der Zeitung

Eine Zeitung aufschlagen heißt Worten begegnen – ob sie nun Tatsachen und Schicksalen entsprechen, ob sie der Beschönigung oder Verhüllung dienen oder Vermutung, Verdacht, Vorurteil ausdrücken. Die Zeitungen sind nicht wahrer als das Leben der Menschen, das sie spiegeln wollen. Wenn Jesus Anweisungen für das Leben geben wollte, erzählte er häufig Geschichten, wie sie auch hätten in einer Zeitung stehen können: »Es war ein Mensch, der ging von Jerusalem hinab nach Jericho und fiel unter die Räuber.« Und er begann solche Geschichten oft mit dem Wort »Siehe«. »Sieh hin!« »Laß es dir genau schildern! Das ist geschehen, das haben Menschen erlebt, das ist möglich gewesen! Kümmere dich darum, nimm die Tatsache, nimm den Hinweis ernst!«

Wir könnten heute entsprechend so reden: Wenn du die Zeitung liest, dann achte auf die Schicksale. Achte auf die Gewalttaten, die Lügen, die verborgenen Tatsachen, die Vorgänge hinter den Worten. In der Regel sind es nicht die Sensationen, auf die es ankommt, sondern das kleine Glück, das Elend, das hinter den Annoncen stehende Leid. Suche nach der Krankheit in der Gemeinschaft der Menschen, nach Schuld und Sühne, nach dem guten Willen und dem geringen Können. Nach den Verhältnissen, die es zu ändern gilt, die um der Menschen und ihrer Schicksale willen nicht so bleiben können.

Die Zeitung lesen heißt sich entsetzen, heißt erschrecken, heißt staunen oder bangen. Wer nicht weiß, was er beten soll, schlage eine Zeitung auf und rede mit Gott über das, was er liest. Er wird, ehe er es sich versieht, ein Fürbittender sein. Er wird für sein eigenes Ergehen danken. Er wird verstehen, was es bedeutet, daß fremde Menschen seine Brüder und seine Schwestern sind. Er wird von sich selbst frei werden. Er wird vielleicht überhaupt auf diesem Wege das Gebet entdecken. Er wird mit Gott über das Elend reden, daß sein Reich nicht da ist, und über die Wege, die zum Reich Gottes unter den Menschen führen.

Ich lese in einer und derselben Ausgabe: »Rentenerhöhung wieder abgelehnt.« »Milch wird teurer.« Und ich denke an die Menschen, die in unserem reicher werdenden Land ärmer werden, weil die Preise steigen, nicht aber die Renten. In den kurzen Nachrichten verbergen sich die Schicksale.

Ich lese: »Suche Zimmer mit Kochgelegenheit. Miete bis DM 200,–. Eskitaski Halide.« Und ich denke an die Fremden in unserem Land, die keine Chance haben, sich der brutalen Ausbeutung durch ihre Gastgeber zu erwehren.

Ich lese: »Rentner lag drei Tage hilflos in seiner Küche«, und denke an die Verlassenen, denen niemand antwortet, wenn sie rufen.

Ich lese: »In der Nacht zum Donnerstag wurde in einem Elektrogeschäft in der Wilhelmstraße eingebrochen. Zwei junge Burschen...« Und ich denke an die Erfahrungen, die die beiden im Laufe ihres jungen Lebens mit der Welt der Erwachsenen gemacht haben müssen, ehe sie die Scheibe einschlugen.

Ich lese: »Geld wie Heu verdienen viele, die sich von uns beraten ließen.« Und ich denke an die Träume der Millionen vom großen Geldsegen. An die Enttäuschungen. An die Ehen, die an den Schulden zerbrechen. An die Lügen, die nötig sind, um an denen zu verdienen, die der Annonce Glauben schenken.

Ich lese: »Bei Zusammenstößen zwischen der Polizei und Arbeitern sind vier Personen getötet worden.« Und ich denke an alles Unrecht, das vorangegangen sein muß, ehe die Arbeiter und die Polizisten zusammenstießen.

Wer nicht weiß, was er beten soll, lese die Zeitung.

Jörg Zink

Auch ich bastle Dornenkronen

sich selber erkennen

Der Mensch fragt, Gott fragt

»Wo bist du, o Gott?
Jenseits
der Geplagten?
Unter uns?
Über uns?
Wo bist du, o Gott?
Warum verbirgst du dich?«

»Wo bist du, o Mensch?
In dir?
Außer dir?
Unter den Menschen?
Wo bist du, o Mensch!
Warum verleugnest du dich selbst?
Ich sehe Masken, Apparate?
Worin versteckst du dich?«

»Was denkst du über mich, o Gott?«
»Was denkst du über mich, o Mensch?«

Martin Gutl

Behinderte

Unwiderruflich eingestuft
abgesondert
aus dem Bewußtsein verdrängt
von der Mehrheit
der sogenannten Gesunden.
Zurückgeworfen
auf die eigene Schwachheit
und überforderte Kräfte
einer verstehenden Minderheit.
Unter der gnadenlosen Herrschaft
der Götzen Erfolg und Leistung,
unter der gnadenlosen Herrschaft
schwelenden Aberglaubens
befragt:
Was seid Ihr wert?

Was seid Ihr wert
für die Wirtschaft?
Nichts oder nahezu nichts!

Es sei denn
man betrachte den Umsatz
an Rollstühlen und Prothesen,
an Medikamenten und Apparaten.
Was seid Ihr wert
für die Gesellschaft?
Nichts oder weniger
als nichts,
wenn man die Kosten
für Eure fragliche Existenz
bedenkt.
Es sei denn
man begreife Euch
als Anruf zur Menschlichkeit.

Was seid Ihr wert
für alle, die sich Christen
nennen?
Sagen sie »Ja« zu Euch
ohne Vorbehalt?

Gott
Du erschaffst uns Menschen
immer noch nach Deinem Bild.
In jedem lebt
wenn auch zutiefst verborgen
Dein Gesicht.
Befreie uns dazu
es auch im Ärmsten zu erkennen
und heile
uns Behinderte der Liebe!

CHRISTA PEIKERT-FLASPÖHLER

Wenn ich mich selbst nicht...

Wenn ich mich selbst
nicht ausstehen kann,
kann ich andere nicht ertragen.

Wenn ich mich selbst
nicht akzeptieren kann,
kann ich andere nicht annehmen.

Wenn ich zu mir selbst
nicht »ja« sagen kann,
kann ich andere nicht bejahen.

Wenn ich mich selbst
nicht leiden kann,
kann ich andere nicht mögen.

Wenn ich mich selbst
nicht lieben kann,
kann ich mich anderen
nicht liebevoll zuwenden.

Herr,
ich kann meinen Nächsten nicht lieben
wie mich selbst,
wenn ich mich selbst nicht...

PETRUS CEELEN

CARLO CARETTO

Der Lärm,
der uns hindert,
die Stimme Gottes zu hören,
ist nicht,
wirklich nicht,
das Geschrei der Menschen
oder das Fiebern der Städte
und noch weniger
das Sausen der Winde
oder das Plätschern der Wasser.

Der Lärm,
der die göttliche Stimme
erstickt,
ist der innere Aufruhr
gekränkter Eigenliebe,
erwachenden Argwohns,
unermüdlichen Ehrgeizes.

DOM HELDER CAMARA

Die Erfahrung des Einsiedlermönches

Ein Mann hatte von einem Einsiedlermönch gehört. Er konnte nicht verstehen, warum jemand so zurückgezogen und abgeschieden leben will. Er machte sich deshalb auf den Weg, um den Mönch nach den Erfahrungen der Einsiedelei zu fragen.

Als er zu der Klause kam und dem Mönch sein Anliegen vorgetragen hatte, führte ihn dieser zu seinem Brunnen. Er nahm einen Stein, warf ihn in das Wasser und sagte zu dem Fremden: »Schau in den Brunnen, was siehst Du?«

»Nichts«, antwortete der Fremde, »nur Wasser, das sich bewegt und leichte Wellen schlägt.«

Der Mönch wartete eine Zeit und bat dann den Fremden, nochmals in den Brunnen zu blicken. »Was siehst Du jetzt?« »Jetzt – ich sehe mich selber. Ich spiegele mich im ruhigen Wasser. Ganz deutlich kann ich mein Gesicht erkennen.«

»Siehst Du«, antwortete der Mönch, »das ist die Erfahrung der Einsiedelei.«

Herr Keuner und die Flut

Herr Keuner ging durch ein Tal, als er plötzlich bemerkte, daß seine Füße in Wasser gingen. Da erkannte er, daß sein Tal in Wirklichkeit ein Meeresarm war und daß die Zeit der Flut herannahte. Er blieb sofort stehen, um sich nach einem Kahn umzusehen, und solange er auf einen Kahn hoffte, blieb er stehen. Als aber kein Kahn in Sicht kam, gab er diese Hoffnung auf und hoffte, daß das Wasser nicht mehr steigen möchte. Erst als ihm das Wasser bis ans Kinn ging, gab er auch diese Hoffnung auf und schwamm. Er hatte erkannt, daß er selber ein Kahn war.

Bertolt Brecht

Geh in dich hinein

Stundenlang kannst du dein Auto putzen
Zum Kleiderkaufen hast du Zeit genug.
Wenn es um die Frisur geht,
unter der Trockenhaube wirst du nicht nervös.
Warum nimmst du dir so wenig Zeit,
um dein Herz zu »versorgen«?

Wenn du einzig und allein an der Oberfläche lebst,
wenn dich nur dein Außen interessiert,
deine Aufmachung, dein Aussehen und dein Ansehen,
dann hängt dein Glück an einem launischen Pendel:
heute glücklich, morgen unglücklich,
heute in Stimmung, morgen verzweifelt.

Geh in dich hinein.
Mach was für dein Innen,
für die »Inneneinrichtung« deines Herzens.
Da sind die Stimmungen, die treibenden Kräfte zu Hause,
die dich verwirren
oder überglücklich machen.

PHIL BOSMANS

Sicherheit

Ein Mann verliebte sich in eine schöne Frau.
Er wollte diese Liebe sichern und schloß die Ehe.
Später brauchte er nicht mehr zu lieben,
er hatte ja die Ehe.
Eine Kirche glaubte an den lebendigen Gott.
Sie wollte diesen Glauben sichern
und formulierte ein Bekenntnis.
Später brauchte sie nicht mehr zu glauben,
sie hatte ja das Bekenntnis.
Ein Volk liebte den Frieden.
Es wollte diesen Frieden sichern
und verschaffte sich Waffen.
Später brauchte es nicht mehr zu befrieden,
es hatte ja die Waffen.
Wir lieben zu wenig,
wir glauben zu wenig,
wir sichern zu viel.
Mein Gott!

DETLEF HEIN

Herr,

unsere Liebe zu dir
und zu den Mitmenschen
ist in Gefahr,
wenn wir die Sprache
des Betens verlernen.

Wir bitten dich:

Laß uns in unseren
Gebeten als ehrlich
Liebende
erscheinen,
nicht aber
als abstoßende
Krämerseelen,
die mit dir
ein selbstsüchtiges
Geschäft
machen wollen.

Du, der du genannt wirst:
Gott der Liebe, Gott der Menschen,

wir kreisen nur noch um uns selbst,
wenn wir in der Stimme der Menschen,
in der Sprache der Ereignisse,
im Gespräch mit deiner Schöpfung,
die uns umgibt,
nicht mehr deine Stimme,
dein Wort, deine Sprache heraus-
hören, wenn wir nicht mehr Antwort
geben, wenn wir die Sprache des
Gebets verlernen.

Wir spüren, wie wir langsam taub
werden für die leise Sprache, die
mitschwingt in allem, was uns
anspricht, Tag für Tag.
Und bevor unser Gespür dafür
ganz erloschen ist, rufen wir zu dir:

Laß Menschen da sein,
die uns einladen,
die Oberflächlichkeit hinter uns zu lassen;
laß Menschen da sein,
die uns ermutigen zu
uneigennütziger Liebe;
laß Menschen da sein,
in denen dein Geist lebendig ist;
laß Menschen da sein,
die uns begeistern,
daß unser Mund sich öffnet,
unsere Stimme sich löst,
um dich zu loben,
um dir zu singen
ein Lied der Freude:
Halleluja!

Diethard Zils

Auch ich
verordne Leiden,
indem ich schweige.
Ich wende den Kopf
unwillig von Nachrichten ab
die ärgerlich sind
und von der Last anderer
berichten.
Auch ich
verordne Leiden,
indem ich mir einrede,
ich kann nichts tun:
Das Zeitalter des Leidens
habe noch kein
absehbares Ende.
Manchmal spiele ich mit meiner Macht
und lasse andere leiden.
Aus Schweigen,
aus Selbsttäuschung
und mißbrauchter Macht
bastle ich
Dornenkronen.

Bernhard Lang

Lehrjahre sind keine Herrenjahre — Psalm 9

Sei mir gnädig in meiner Not

Sie, Herr, wie elend mir zumute ist:
Sie sagen zu Hause:
Solange du deine Füße noch unter unseren Tisch stellst,
hast du zu gehorchen.
Sie wollen mir vorschreiben:
Kleidung, Haarschnitt, Umgang mit Freunden und Freundin,
Lehrstelle und Berufsziel.
Die sagen im Betrieb:
Wessen Brot ich esse, dessen Lied ich singe. –
Aber singen ist hier auch verboten.
Halt den Mund –
die Gewerkschaft wird schon irgend etwas irgendwann
unternehmen mit den Unternehmern.
Gib dich zufrieden und sei stille,
wir früher...
und dann höre ich nicht mehr hin.
Sieh, Herr, nicht auf immer und ewig
sollen die Menschen einander Sklaven sein.
Nicht auf immer bleiben unsere Reformen vergessen.
Ich gebe nicht auf.

Handle, Herr, durch vernünftige Menschen,
damit sich nicht unnötige Fronten bilden
und wir unsere Kraft im Kampf vergeuden.
Starte, Herr, ein Exempel, damit sie sehen,
wie gut wir miteinander arbeiten, lernen und leben können.

Uwe Seidel

Ein zweites Mal

Könnte ich mein Leben noch einmal von vorn beginnen,
würde ich versuchen, mehr Fehler zu machen.
Ich würde alberner sein, würde ganz locker werden,
nur noch ganz wenige Dinge ernstnehmen.
Ich würde entschieden verrückter sein und weniger reinlich.
Ich würde mehr Gelegenheiten beim Schopfe ergreifen
und öfters auf Reisen geh'n.
Ich würde mehr Berge ersteigen,
mehr Flüsse durchschwimmen und
mehr Sonnenaufgänge auf mich wirken lassen.
Ich würde mehr Schuhsohlen durchlaufen,
mehr Eis und weniger Bohnen essen.
Ich würde mehr echte Probleme und
weniger eingebildete Nöte haben.
Wie sie bemerkt haben werden,
bin ich eine von denen, die
vorsorglich, vernünftig und gesund leben,
Stunde für Stunde,
Tag für Tag.

Nun, ich habe meine verrückten Augenblicke,
aber wenn ich noch einmal von vorn anfangen könnte,
würde ich mehr verrückte Augenblicke haben –
genau gesagt: Augenblicke,
einen nach dem andern,
und nichts mehr
von Plänen zehn Jahre voraus.
Wissen sie, ich bin eine von denen,
die für alle Fälle Thermometer, Wärmflasche,
Gurgelwasser, Regenmantel und Fallschirm
bei sich haben.
Hätte ich ein zweites Leben,
ich würde sie zu Hause lassen.

Könnte ich mein Leben noch einmal von vorn beginnen,
ich würde in aller Herrgottsfrühe
barfuß in den Frühlingsmorgen laufen
und als letzte sagen: Jetzt ist der Herbst dahin.
Ich würde mehr Hockey spielen,
und vom Karussell würden sie mich nicht
mehr herunterbringen.

Gertrude Wilkinson

betrauern wir diesen mann
nicht weil er gestorben ist
betrauern wir diesen mann
weil er niemals wagte
glücklich zu sein

betrauern wir diesen mann
der nichts war als arbeit und pflicht
betrauern wir diesen mann
weil er immer getan hat
was man von ihm verlangte

betrauern wir diesen mann
der nie mit der faust auf den tisch schlug
betrauern wir diesen mann
weil er nie auf das urteil anderer pfiff
und einfach tat was ihm paßte

betrauern wir diesen mann
der fehlerfrei funktionierte
betrauern wir diesen mann
weil er streit und frauen vermied
und heute von allen gerühmt wird

betrauern wir diesen mann
nicht weil er gestorben ist
betrauern wir diesen mann
weil er war wie auch wir sind
betrauern wir uns

Kurt Marti

Herr,
ich bin unterwegs
– mit anderen
ich möchte sie mitgehen lassen
– aber ich habe selber Probleme, Fragen, Sorgen und weiß
oft nicht, wie mein Weg weitergeht
ich möchte sie mitleben lassen
– aber ich fühle mich überfordert
ich möchte die Fragen anderer hören
– und höre oft nur die meinen
ich möchte anderen Mut, Hoffnung machen
– und spüre selber die Angst in mir
ich möchte andere nicht abhängen und stehen lassen
– aber ich schleppe mich selbst dahin
ich möchte anderen sagen, daß Du der Weg und das Leben bist
– und ich kann es selber nur ahnen
ich möchte...
ich möchte...

Und trotzdem, Herr, möchte ich den Weg wagen, der zu den Menschen geht. Es wird ein Weg mit Rückschlägen, Enttäuschungen und Umwegen sein, aber auch ein Weg der Freude und neuer Erfahrungen. Ich möchte den »Weg« zu den Menschen gehen, weil sich dadurch für andere vielleicht eine Welt ändern kann.

Ich möchte den Weg gehen,
weil Du den Weg zu uns Menschen gegangen bist,
weil Du einer von uns geworden bist,
weil wir dadurch wissen, daß der Weg sinn-voll ist
und ein Ziel hat,
weil wir auf dem Weg vielleicht auch Dir begegnen.

Klara Wagner

Vater, wo bist du?

Vater, wo bist du?
Im Himmel? Wo ist das?
Wie soll ich dich finden?
Du verbirgst dich vor mir,
und ich tappe im Dunkeln.
Gleich einem Blinden sehe ich nicht,
was um mich herum geschieht,
was mich umgibt. Manchmal ahne ich es,
wenn ich mich ganz auf dich, meinen Gott,
konzentriere. Dann fühle ich, daß du
da bist, daß es dich gibt.
Doch oft schon im nächsten Moment
ist diese Erfahrung wieder verflogen.
Ich vermag nicht, dich festzuhalten.
Herr, offenbare dich mir
und schenke mir die Fähigkeit,
deine Gegenwart wahrzunehmen,
festzuhalten und weiterwirken zu lassen
auf andere, damit ich zu einem Senfkorn
des Glaubens in dieser Welt werde.

ADOLF EXELER

Wer bin ich?

Warum bin ich nicht so, wie ich wirklich bin? Seit Jahren schon laufe ich mit einer Maske umher, sie ist mein zweites Gesicht geworden. Eines Tages werde ich dir gleichgültig sein, denn du willst nicht, daß wir uns vor dir verstecken.
Ich trage die Verkleidung eines sicheren, routinierten jungen Menschen.
Ich habe gelernt, wie man es macht, seine Schwächen zuzudecken und die Gefühle zu verbergen.
Mein Gesicht ist stumpf geworden.
Ich lächle verbindlich, aber mein Lachen ist nicht echt.
Ich lege Sicherheit an den Tag, aber in Wirklichkeit spiele ich Theater.
Ich tue so, als fiele mir alles in den Schoß, als irrte ich niemals, als hätte ich weder Sehnsucht noch Heimweh...
Warum bin ich nicht so, wie ich wirklich bin?

Wenn ich allein und für mich bin, fällt mir die Maske vom Gesicht.
Ich danke dir, daß du mir die Chance gibst, es noch einmal zu versuchen:
vor deinen Augen, unter deinem Schutz.

ALFONSO PEREIRA

Das Wunder

es ist ein wunder
was ist ein wunder?

gezeugt zu werden
zu zeugen
geboren zu werden
zu gebären
gelebt zu werden
zu leben
geschaffen zu werden
zu schaffen
geträumt zu werden
zu träumen
geliebt zu werden
zu lieben
gebraucht zu werden
zu brauchen
gedacht zu werden
zu denken
gefühlt zu werden
zu fühlen
gestorben zu werden
zu sterben

es ist ein wunder
ist es ein wunder?
es ist

Kurt Marti

Ohne dich
bleibt Freundschaft ungedeutet,
Trauer unerträglich,
Lachen höhnisch,
Erfolg erfolglos.
Ohne dich
bleibt alles zufällig.
Ohne dich
bleiben die Wörter leer
und die Fragen verzweifelt.
Ohne dich
taugen die Werkzeuge nichts.
Ohne dich
beten wir nur uns selber an.

Bernhard Lang

Vorbilder

Vor mir
Auf dem Boden liegt
Ein Spiegel
Vor mir
An der Wand hängen
Bilder
Johannes XXIII
Mutter Teresa
Don Bosco
Franziskus
Das Kreuz
Werde ich
Den Spiegel jemals an
Die Wand hängen
Können

Bernd Terwitte

Interview

Wenn er kommt, der Besucher,
Der Neugierige und dich fragt,
Dann bekenne ihm, daß du keine
Briefmarken sammelst,
Keine farbigen Aufnahmen machst,
Keine Kakteen züchtest.
Daß du kein Haus hast,
Keinen Fernsehapparat,
Keine Zimmerlinde.
Daß du nicht weißt,
Warum du dich hinsetzt und schreibst,
Unwillig, weil es dir kein Vergnügen macht.
Daß du den Sinn deines Lebens immer noch nicht
Herausgefunden hast, obwohl du schon alt bist.
Daß du geliebt hast, aber unzureichend,
Daß du gekämpft hast, aber mit zaghaften Armen.
Daß du an vielen Orten zuhause warst,
Aber ein Heimatrecht hast an keinem.
Daß du dich nach dem Tode sehnst und ihn fürchtest,
Daß du kein Beispiel geben kannst als dieses:
Immer noch offen.

MARIA LUISE KASCHNITZ

Leg mein Gesicht frei

Leg mein Gesicht frei, mach mich schön.
Wer mich entlarvt hat, wird mich finden.
Ich hab Gesichter, mehr als zwei,
Augen, die tasten vor im Blinden,
Herzen aus Angst, die vor Angst vergehn.
Leg mein Gesicht frei, mach mich schön.

Leg mein Gesicht frei, mach mich schön.
Wer sich entlarvt sieht, wird gefunden
und wird ganz neu sich selbst verstehn,
wird leben, offen, unumwunden
und nirgends hin verloren gehn.
Leg mein Gesicht frei, mach mich schön.

HUUB OOSTERHUIS

trau keinem über dreißig...

warum sollst du keinem trauen,
der über dreißig ist?
dom helder camara ist
über dreißig,
und mother teresa im haus
der sterbenden von kalkutta ist
über dreißig.
und wie alt war christus,
als man ihn nach einem
standgericht
exekutierte?
warum soll man anfangen,
die menschheit nach geburtsdaten
einzuteilen?
es gibt auch einen
einteilungsrassismus,
und man kann immer
irgendwo
einteilen nach juden und nichtjuden,
nach schwarzen und weißen,
nach christen und heiden,
nach gottvollen und gottlosen,
nach jungen und alten,
mach dein zutrauen
zu einem menschen nicht davon
abhängig,
ob er zehn, zwanzig, dreißig
oder siebzig ist.
sein personalausweis und die
daten darin sind das letzte, was
dir hilft, ihn kennen
zu lernen.

JOSEF REDING

Bitte, zähme mich!

In diesem Augenblick erschien der Fuchs.
»Guten Tag«, sagte der Fuchs.
»Guten Tag«, antwortete höflich der kleine Prinz, der sich umdrehte, aber nichts sah.
»Ich bin da«, sagte die Stimme, »unter dem Apfelbaum...«
»Wer bist du?« sagte der kleine Prinz. »Du bist sehr hübsch...«
»Ich bin ein Fuchs«, sagte der Fuchs.
»Komm und spiel mit mir«, schlug ihm der kleine Prinz vor. »Ich bin so traurig...«
»Ich kann nicht mit dir spielen«, sagte der Fuchs. »Ich bin noch nicht gezähmt...«
»Ah, Verzeihung«, sagte der kleine Prinz.
Aber nach einiger Überlegung fügte er hinzu:
»Was bedeutet das: ›zähmen‹?«
»Die Menschen«, sagte der Fuchs, »die haben Gewehre und schießen. Das ist sehr lästig. Sie ziehen auch Hühner auf. Das ist ihr einziges Interesse. Du suchst Hühner?«
»Nein«, sagte der kleine Prinz, »ich suche Freunde. Was heißt ›zähmen‹?«
»Das ist eine in Vergessenheit geratene Sache«, sagte der Fuchs. »Es bedeutet: ›sich vertraut‹ machen.«
»Vertraut machen?«
»Gewiß«, sagte der Fuchs. »Du bist für mich noch nichts als ein kleiner Knabe, der hunderttausend kleinen Knaben völlig gleicht. Ich brauche dich nicht, und du brauchst mich ebensowenig. Ich bin für dich nur ein Fuchs, der hunderttausend Füchsen gleicht. Aber wenn du mich zähmst, werden wir einander brauchen. Du wirst für mich einzig sein in der Welt. Ich werde für dich einzig sein in der Welt ... Wenn du mich zähmst, wird mein Leben wie durchsonnt sein. Ich werde den Klang deines Schrittes kennen, der sich von allen anderen unterscheidet. Die anderen Schritte jagen mich unter die Erde. Der deine wird mich wie Musik aus dem Bau locken. Und dann schau! Du siehst da drüben die Weizenfelder? Ich esse kein Brot. Für mich ist der Weizen zwecklos. Die Weizenfelder erinnern mich an nichts. Und das ist traurig. Aber du hast weizenblondes Haar. Oh, es wird wunderbar sein, wenn du mich einmal gezähmt hast! Das Gold der Weizenfelder wird mich an dich erinnern. Und ich werde das Rauschen des Windes im Getreide liebgewinnen.«
Der Fuchs verstummte und schaute den Prinzen lange an: »Bitte – ...zähme mich!« sagte er.
»Ich möchte wohl«, antwortete der kleine Prinz, »aber ich habe nicht viel Zeit. Ich muß Freunde finden und viele Dinge kennenlernen.«
»Man kennt nur die Dinge, die man zähmt«, sagte der Fuchs. »Die Menschen haben keine Zeit mehr, irgend etwas kennenzulernen. Sie kaufen sich alles fertig in den Geschäften. Aber da es keine Kaufläden für Freunde gibt, haben die Leute keine Freunde mehr. Wenn du einen Freund willst, so zähme mich!«

»Was muß ich da tun?« sagte der kleine Prinz.
»Du mußt sehr geduldig sein«, antwortete der Fuchs. »Du setzt dich zuerst ein wenig abseits von mir ins Gras. Ich werde dich so verstohlen, so aus dem Augenwinkel anschauen, und du wirst nichts sagen. Die Sprache ist die Quelle der Mißverständnisse. Aber jeden Tag wirst du dich ein bißchen näher setzen können...«
Am nächsten Morgen kam der kleine Prinz zurück.
»Es wäre besser gewesen, du wärst zur selben Stunde wiedergekommen«, sagte der Fuchs. »Wenn du zum Beispiel um vier Uhr nachmittags kommst, kann ich um drei Uhr anfangen, glücklich zu sein. Je mehr die Zeit vergeht, umso glücklicher werde ich mich fühlen. Um vier Uhr werde ich schon aufgeregt und beunruhigt; ich werde erfahren, wie teuer das Glück ist. Wenn du aber irgendwann kommst, kann ich nie wissen, wann mein Herz da sein soll ... Es muß feste Bräuche geben.«
So machte denn der kleine Prinz den Fuchs mit sich vertraut. Und als die Stunde des Abschieds nahe war:
»Ach!« sagte der Fuchs, »ich werde weinen.«
»Das ist deine Schuld«, sagte der kleine Prinz, »ich wünsche dir nichts Übles, aber du hast gewollt, daß ich dich zähme...«
»Gewiß«, sagte der Fuchs.
»Aber nun wirst du weinen!« sagte der kleine Prinz...
Und er kam zum Fuchs zurück:
»Adieu«, sagte er...
»Adieu«, sagte der Fuchs. »Hier ist mein Geheimnis. Es ist ganz einfach: Man sieht nur mit dem Herzen gut. Das Wesentliche ist für die Augen unsichtbar.«
»Das Wesentliche ist für die Augen unsichtbar«, wiederholte der kleine Prinz, um es sich zu merken...

ANTOINE DE SAINT-EXUPÉRY

Du kennst mich

Wer bin ich? Sie sagen mir oft,
ich träte aus meiner Zelle
gelassen und heiter und fest
wie ein Gutsherr aus seinem Schloß.

Wer bin ich? Sie sagen mir oft,
ich spräche mit meinen Bewachern
frei und freundlich und klar,
als hätte ich zu gebieten.

Wer bin ich? Sie sagen mir auch,
ich träge die Tage des Unglücks
gleichmütig, lächelnd und stolz,
wie einer, der Siegen gewohnt ist.

Bin ich das wirklich, was andere von mir sagen?
Oder bin ich nur das, was ich selbst von mir weiß?
Unruhig, sehnsüchtig, krank wie ein Vogel im Käfig,
ringend nach Lebensatem, als würgte mir einer die Kehle,
hungernd nach Farben, nach Blumen, nach Vogelstimmen,
dürstend nach guten Worten, nach menschlicher Nähe,
zitternd vor Zorn über Willkür und kleinlichste Kränkung,
umgetrieben vom Warten auf große Dinge,
ohnmächtig bangend um Freunde in großer Ferne,
müde und leer zum Beten, zum Denken, zum Schaffen,
matt und bereit, von allem Abschied zu nehmen?

Wer bin ich? Der oder jener?
Bin ich denn heute dieser und morgen ein anderer?
Bin ich beides zugleich? Vor Menschen ein Heuchler
und vor mir selbst ein verächtlich wehleidiger Schwächling?
Oder gleicht, was in mir noch ist, dem geschlagenen Heer,
das in Unordnung weicht vor schon gewonnenem Sieg?

Wer bin ich? Einsames Fragen treibt mit mir Spott.
Wer ich auch bin, du kennst mich, dein bin ich, o Gott.

Dietrich Bonhoeffer

Wenn ich geweint habe...

Lieber Gott,
früher, wenn ich geweint habe,
(weil ich am Abend den Mond nicht bekam
als Lampion,
um damit im Garten spazieren zu gehen,)
hat man mich getröstet
(mit einer Kerze und Papier
und mir gesagt, das sei der Mond.)

Später,
wenn ich geweint habe,
(weil ich am Abend nicht fortgehen durfte,
zu meinen Freunden,
mit ihnen spazieren zu gehen in den Straßen,)
hat man mich ermahnt
(mit dem Hinweis der Notwendigkeit
der Schulbildung.)

Noch später,
wenn ich geweint habe,
(weil ich meine Meinung nicht sagen konnte,
ohne ein schlechtes Zeugnis zu bekommen,)
hat man mich wieder getröstet
mit dem Hinweis
(auf die Freiheit des Gedankens,
um die mich niemand bringen könne.)

Heute,
wenn ich weine,
(weil ich die Unterdrückten nicht befreien kann
und die Kranken nicht heilen,)
ermahnt man mich wieder
mit dem Hinweis
(auf die Kompliziertheit der Situation
und auf die Notwendigkeit,
erst einmal eine ordentliche
sozialrevolutionäre Theorie zu entwickeln.)

Später, wenn ich weinen werde,
(weil ich nicht die richtigen Worte gefunden habe,
heute oder morgen,)
wird man mich trösten
mit dem Hinweis
(auf die Unvollkommenheit alles Menschlichen.)

Noch später, wenn ich weinen werde,
(weil nicht alles neu geworden ist.)
wird man mich ermahnen
mit dem Hinweis
(auf die Notwendigkeit der Ordnung,
Bescheidenheit und Kompromisse.)

Zuletzt aber, wenn ich nicht mehr weine,
weil ich es nicht mehr kann,
wird man mir eine Rede halten
mit dem Hinweis
auf die Vergänglichkeit aller Menschen.

Deshalb habe ich Angst.
Und deshalb bin ich zornig.
Und deshalb sage ich nicht mehr:
lieber Gott.
Weil ich möchte, daß alle, die weinen,
nicht mehr getröstet werden
und ermahnt mit schalen Ausreden,
sondern daß alles neu wird,
auch du, lieber Gott.

Eric Hultsch

Maskerade

Maskerade des Tages
Rollen, die ich spiele – spielen muß
Masken, die ich auf Stichworte setze
Manchmal gehe ich mir damit selbst auf die Nerven
Ich maskiere mich
tue das, was man von mir erwartet
obwohl ich gerade das vielleicht nicht will
»Die Maske vom Gesicht reißen« sagst DU?
Ja, gern – aber...
reiß Du sie ab, bitte, und erschrick nicht über mich
manches wird Dir fremd sein und wartet doch nur
auf Deine Hand. Deinen Atem und Dein Lachen

Matthias Stöhr

MASKERADE

Ich beherrsche viele Rollen
Ich bin der Wolf im Schafspelz
Der nette junge Mann von nebenan
Der gesellschaftlich engagierte Student
Der denkende Christ
Der liebevolle Sohn
Der Bürgerschreck
Der irre Typ
Ich habe einen alternativen Touch
und setze mich doch gern mit einem Bier vor den Fernseher
Ich kann mich gut verkaufen,
bin lässig, locker oder ernst
distinguiert oder einfach unerträglich
Ich bin ein guter Zuhörer
Ich habe etwas zu sagen
Ich diene als Vorbild
und bewundere dies und das

Gebet für Marilyn Monroe

I
Herr, nimm dieses Mädchen auf,
alle Welt kannte sie unter den Namen Marilyn Monroe,
obwohl das nicht ihr wirklicher Name war,
doch Du kennst ihren Namen
den des Waisenkindes, das vergewaltigt wurde mit neun Jahren,
den Namen der Verkäuferin, die mit sechzehn
versuchte, ihrem Leben ein Ende zu machen,
und die jetzt vor Dir steht
ohne Make up
ohne ihren Manager
ohne Fotografen,
die keine Autogramme mehr gibt,
die einsam ist wie ein Astronaut in der Nacht des Universums.

II
Als Kind träumte sie, daß sie nackt in einer Kirche stand
(so stand's in der *Times*)
vor einer knienden Menge, die Köpfe geneigt bis zur Erde,
und sie mußte auf Zehenspitzen gehen, um die Köpfe nicht zu zertreten,
Du kennst unsere Träume besser als alle Psychiater,
Küche, Haus, Höhle – das bedeutet die Sicherheit
des mütterlichen Schoßes,
aber doch auch mehr als das...
Die Köpfe, das sind die Bewunderer, das ist klar
(die Masse der Köpfe in der Dunkelheit, erhellt von einem Lichtstrahl)
doch der Tempel ist keins der Studios der 20th Century Fox
Der Tempel aus Marmor und Gold ist der Tempel ihres Körpers.
Und dort steht der Menschensohn mit einer Peitsche in der Hand
und treibt sie aus, die Händler der 20th Century Fox,
die sein Bethaus zu einer Räuberhöhle machten.

IIIa
Herr, in dieser Welt, die verseucht ist von Sünde und Radioaktivität,
sprichst du eine kleine Verkäuferin nicht schuldig,
die wie alle kleinen Verkäuferinnen träumt, ein Filmstar zu sein.
Ihr Traum wurde Wirklichkeit (doch eine Wirklichkeit in Technicolor),
sie agierte nur nach dem Script, das wir ihr gaben
das Script unserer eigenen Leben – und es war ein absurdes Script.
Vergib ihr, Herr, und vergib uns allen
unsere 20th Century Fox,
diese Kolossal-Superproduktion, an der wir alle Anteil haben.

IIIb
Sie hungerte nach Liebe, und wir boten ihr Beruhigungsmittel.
Gegen die Traurigkeit, nicht heilig zu sein,
empfahl man die Psychoanalyse.
Denke, Herr, an ihre wachsende Angst vor der Kamera,
an ihren Haß auf die Schminke – und sie schminkte sich für jede Szene,
und wie sie immer unpünktlicher in den Studios erschien.

IIIc
Wie jede Verkäuferin träumte sie davon, ein Filmstar zu sein.
Und ihr Leben war irreal wie ein Traum, den der Psychiater analysiert
und zu den Akten legt.

IV
Ihre Liebesabenteuer waren ein Kuß mit geschlossenen Augen
– und wenn man die Augen öffnet, merkt man, daß es nur ein Filmkuß war.
Und dann löschen sie die Scheinwerfer
und demontieren die zwei einzigen Wände der Filmwohnung
(es war ein kinematografischer Set)
und der Regisseur geht mit dem Drehbuch davon,
denn die Szene ist abgedreht,
oder wie eine Kreuzfahrt auf einer Yacht, ein Kuß in Singapur,
ein Tanz in Rio,
der Empfang im Landhaus des Herzogs und der Herzogin von Windsor
– all das betrachtet in einem schäbig möblierten Zimmer.

V
Der Film ist aus – doch es gab kein Happy End.
Man fand sie tot in ihrem Bett, den Hörer in der Hand.
Und die Detektive wußten nicht, mit wem sie sprechen wollte.
Es war, wie wenn jemand die Nummer der einzigen Freundesstimme wählt
und eine Stimme vom Tonband hört, die schnarrt:
Wrong Number.
Oder wie jemand, getroffen von der Kugel der Gangster,
die Hand ausstreckt nach einem Telefon, das nicht angeschlossen ist. –
Wrong Number.

VI
Herr, wer es auch sei, den sie anrufen wollte und nicht erreichte,
vielleicht war es auch niemand
oder jemand, dessen Nummer nicht im Telefonbuch von Los Angeles steht,
nimm Du den Hörer ab.

Ernesto Cardenal

Nicht mit allen Wassern gewaschen

Jesus nachfolgen

Die ersten Jünger:

Am Tag darauf stand Johannes wieder dort, und zwei seiner Jünger standen bei ihm. Als Jesus vorüberging, richtete Johannes seinen Blick auf ihn und sagte: Seht, das Lamm Gottes! Die beiden Jünger hörten, was er sagte, und folgten Jesus. Jesus aber wandte sich um, und als er sah, daß sie ihm folgten, fragte er sie: Was wollt ihr? Sie sagten zu ihm: Rabbi – das heißt übersetzt: Meister –, wo wohnst du? Er antwortete: Kommt und seht! Da gingen sie mit und sahen, wo er wohnte, und blieben jenen Tag bei ihm; es war um die zehnte Stunde.

JOHANNES 1,35–39

Nachfolge

Geh in die graue Straße
ohne Bäume
am Rande des Lichtes,
am Rande des Lebens.
Geh in die Straße,
die du nur den Namen nach kennst,
weil dort die Ausgesonderten
wohnen:
zwei Zimmer mit Küche
für sechs Kinder und Eltern.
Blicke den Kindern ins Gesicht,
die noch versuchen Kinder zu sein,
obwohl sie das Verhängnis
schon spüren.
Blicke in die Gesichter der Frauen
und Männer.
Laß dich von Bitternis,
Feindschaft oder Stumpfsinn
erschrecken, damit du erwachst.
Kehre nicht um,
als hättest du alles gesehen
und *Hoffnung* wäre vergeblich.
Auch hier schläft im Herzen
die Sehnsucht.

Du kennst Einen,
der die Verlorenen sucht
am Rande des Lichtes,
am Rande des Lebens.
Folge ihm nach!

CHRISTA PEIKERT-FLASPÖHLER

Stellenangebot

Gesucht:
Menschen

Belanglos:
Alter
Herkunft
Zeugnisse

Geboten:
Betätigungsfelder
für jede Begabung
gemäß Mt 25,35–36
sowie 1 Kor 12,4–6

Arbeitszeit:
nicht fest geregelt

Vergütung:
Mt 25,34 und
Mt 25,40

Fähigkeiten:
offene Herzen
sehende Augen
hörende Ohren
helfende Hände
wacher Geist
Sachverstand

Fortbildung:
laufend möglich

Bewerbungen:
Kennwort
»Christ sein«

CHRISTA PEIKERT-FLASPÖHLER

Unilateralism oder die Vorleistung Gottes

Und warum sind Sie so einseitig
werde ich oft gefragt
so blind und so unilateral
da frage ich manchmal zurück
ob der Frager ein Christ sei

man wird doch noch fragen dürfen
und erinnere dann gegebenenfalls
wie einseitig Gott in Christus
ohne Garantien abgerüstet hat
wo kämen wir hin
gebe ich zu bedenken
wenn Gott mit dir oder mir
die doch die meisten Abkommen
gern unterlaufen mit Tricks
wo kämen wir hin
wenn Gott auf Gegenseitigkeit bestünde

da erinnere ich daran
daß Gott nicht in einem Tank kam
und nicht in einer Bank geboren wurde
und die alten Wunderwaffen
die Blitze und Donner und himmlischen Heere
einseitig aufgab
die Paläste die Könige und die Soldaten
waren nicht sein Mittel als er
unilateral
anfing ein Mensch zu werden
das ist ohne Rüstung zu leben

Dorothee Sölle

Sinkender Petrus

Es gibt einen
fischenden Petrus

es gibt einen
nachfolgenden Petrus

es gibt einen
zweifelnden Petrus

es gibt einen
sinkenden Petrus

es gibt einen
leugnenden Petrus

es gibt einen
zuschlagenden Petrus

und dieser Petrus
ist Fels für die Kirche

HERBERT GUBE

Pfarrgemeinderat

Von Programmen sprachen wir
  und Tagesordnungspunkten
von Aktionen sprachen wir
  und von Sofortmaßnahmen
von Modellen sprachen wir
  und neuen Perspektiven
von Problemen sprachen wir
  und Meinungsäußerungen
von Strukturen sprachen wir
  und von Gemeindebildung

Von Jesus Christus
sprachen wir nicht
und seine Meinung
war nicht gefragt
so hing er still am Kreuz
aus Oberammergau

LOTHAR ZENETTI

Inkonsequent

Frag hundert Katholiken
was das wichtigste ist
in der Kirche.
Sie werden antworten:
Die Messe.

Frag hundert Katholiken
was das wichtigste ist
in der Messe.
Sie werden antworten:
Die Wandlung.

Sag hundert Katholiken
daß das wichtigste in
der Kirche die Wandlung ist.
Sie werden empört sein:
Nein, alles soll bleiben
wie es ist!

LOTHAR ZENETTI

Alltägliche Reden an Gott

VOR EINER ÖFFENTLICHEN FERNSPRECHZELLE NOTIERT

Ach Gott, du brauchst mir gar nichts zu erzählen...
Allmächtiger, was sagt denn da dein Chef!?
Um Gottes willen, sag es niemand weiter –
Du lieber Gott, jetzt ist es schon halb vier!

Mein Gott, wie kann man nur so dumm sein.
Na, Gott sei Dank, daß ich nicht bin wie du!
In Gottes Namen, geh in Frieden.
Weiß Gott, der bringt mich wirklich noch ins Grab.

Mein Gott, sei doch nicht immer so empfindlich!
Ach Gott, so war es wirklich nicht gemeint!
Du lieber Gott, du hältst mich wohl für dämlich!?
Jetzt hör um Gottes Willen endlich auf!

LOTHAR ZENETTI

Zur Gottesfrage

Ob er Gott kenne,
fragte er ihn.
Er zeigte ihm als einzige Antwort
seine Adressenkartei
und sagte: »Die kenn ich ein wenig!«

Ob er Gott liebe,
wollte er wissen.
Er ging mit ihm ins Gefängnis
und besuchte zwei,
die niemand besuchte.

Ob es Gott gäbe,
bohrte er weiter.
Da fragte er ihn: »Gibt es denn dich?
Dich als Menschen
mit offenen Augen und Ohren
mit starker Empfindung?«

Die Frage ist nicht,
ob es Ihn gibt oder nicht.
Die Frage ist,
ob es uns gibt,
offen oder verschlossen.

MARTIN GUTL

Gott sei Dank gibt es nicht, was 60 bis 80 Prozent der Zeitgenossen sich unter Gott vorstellen.

KARL RAHNER

Gott ergreift Partei Psalm 9

Gott der Retter der Armen und Bedrängten

Ich will aufhören,
die schmutzige Wäsche meiner Feinde zu waschen.
Ich will nicht mehr den guten alten Zeiten nachjammern.

Ich will dem Gestern keine größere Chance einräumen als dem Morgen.
Denn die gute Nachricht hat mich heute erreicht und verändert:
Gott bekennt sich zu den Verachteten.
Er stellt sich auf die Seite der Ausgestoßenen.
Gott ergreift Partei.
Er lebt unter
den Gastarbeitern – in ihren Baracken mit vieren in einem Raum.
Er lebt unter
den Obdachlosen in ihren feuchten Wänden mit Schimmel an der Tapete.
Er lebt unter
den Dummen, den Kranken und Körperbehinderten,
den Alkoholikern und Rauschgiftsüchtigen,
den Kriminellen und Gaunern,
den Schwarzen und Homosexuellen.
Gott ist parteiisch – von Anfang an.

Er beachtet die Reichen nicht und schlägt sich zu den Armen.
Kein Wunder, daß man ihn totschlägt.
Er beachtet die Riten nicht und heilt am Sabbat.
Kein Wunder, daß man diesen Heiland nicht will.
Er achtet nicht auf die sozialen Unterschiede.
Kein Wunder, daß man ihm den Abschied gibt.
So bist du, Gott, die Zuflucht geworden,
die Tag und Nacht besetzt ist:
Ich trampe von Stadt zu Stadt.
Ich klopfe an, und ein Langhaariger öffnet mir.
Ich bin todmüde, und er gibt mir noch einen Platz auf dem Boden.
Ich rolle meinen Schlafsack aus und bin zu Hause.
Sie predigen nicht von dir, aber sie erfüllen das Gebot der Liebe.
Gott, ich begegne dir auf Schritt und Tritt.

Uwe Seidel

Wer ist unser Gott?

Unser Gott ist ein Gott, der rettet,
der kein Weihwasser braucht,
auch keine Kerzen und auch keine Gelegenheitstränen.

Unser Gott ist ein Gott der Gerechtigkeit
und des Friedens ohne Propaganda.
Er kleidet sich sehr einfach
und geht mit Menschen um, die in Würde leben.
Bei den meisten Menschen wird er nicht angenommen.
In die Paläste der Lüge kehrt er nicht ein
und ist auch nicht das Eigentum einer Nation.
Er ist gern da, wo man ein Glas Wasser reicht
und wo man abends zusammen am Feuer sitzt.
Er zieht gern durch jede Stadt der Welt,
sei sie kapitalistisch, sozialistisch oder kommunistisch,
aber da geht er meistens die verbotene Richtung.

Unser Gott ist der liebende Gott,
der im Herzen der ganzen Welt und eines jeden Menschen wohnt.
Er spricht durch Menschen, die die Wahrheit sagen,
und teilt das Brot der Welt am Tisch der Armen.
Sein Name ist »Heiland«, »Kraft«, »Mut«, »Feuer«, »Zärtlichkeit«.
Er redet durch den Mund der ganzen Welt
und ist als Herz aller Dinge im tiefsten Innern aller Wesen.
Seine alles durchdringende Botschaft wurde uns mitgeteilt durch Jesus
Christus.

Brasilien

Neunundzwanzig Namen für Jesus von Nazareth

Nächster. Fremder. Jude. Same.
Baum an der Quelle. Bräutigam. Weg.

Traummensch. Offene Tür. Eckstein.
Schlüssel. Löwe Judas. Lamm. Gerechter.

Hirte. Perle. Zweig. Fisch. Brot.
Wort. Weinstock. Sohn des... Gott. Knecht.

Ströme lebendigen Wassers. Morgenstern.
Bahnbrecher. Einziger. Unsagbar Gesagter.

Huub Oosterhuis

Das Glaubensbekenntnis einer Frau

Ich glaube an Gott,
der Frau und Mann nach seinem eigenen Bilde schuf,
der die Welt schuf
und beiden Geschlechtern
Herrschaft über die Erde gab.

Ich glaube an Jesus,
Gottes Kind, auserwählt von Gott,
geboren von einer Frau Maria.
Der Frauen zuhörte und sie liebte,
der in ihren Häusern war,
der über das Reich Gottes mit ihnen sprach,
der Jüngerinnen hatte,
die ihm nachfolgten und ihn unterstützten.

Ich glaube an Jesus,
der mit einer Frau am Brunnen über Theologie sprach
und ihr zuerst anvertraute,
daß er der Messias ist,
so daß sie hinging
und der Stadt die große Neuigkeit brachte.

Ich glaube an Jesus,
der sich salben ließ
von einer Frau in Simons Haus,
der die männlichen Gäste zurechtwies,
die sich darüber empörten.

Ich glaube an Jesus,
der sagte, daß man
an diese Frau und ihre Tat denken wird...
ein Dienst an Jesus.

Ich glaube an Jesus,
der kühn handelte,
das Blut-Tabu der damaligen Zeit aufhob
und das mutige Weib heilte,
das ihn berührte.

Ich glaube an Jesus,
der eine Frau am Sabbath heilte,
weil sie
ein Mensch war.

Ich glaube an Jesus,
der von Gott sprach
als von einer Frau, die einen verlorenen Groschen sucht,
als von einer Frau, die fegte,
um das Verlorene zu suchen.

Ich glaube an Jesus,
der von sich sprach als einer Glucke,
die ihre Küken
unter ihren Flügeln versammeln will.

Ich glaube an Jesus,
der zuerst Maria Magdalena erschien
und sie mit der explodierenden Botschaft aussandte:
gehe und sage es den anderen...

Ich glaube an die Ganzheit
des Erlösers,
in dem es weder Juden noch Griechen,
weder Sklaven noch Freie,
weder Mann noch Frau gibt.
Denn wir sind alle eins
in seiner Erlösung.

Ich glaube an den Heiligen Geist,
der sich über den Wassern der Schöpfung
und über der Erde bewegt.

Ich glaube an den Heiligen Geist,
der in uns sich sehnt
und für das, was unaussprechbar ist, bittet.

Ich glaube an den Heiligen Geist,
den weiblichen Geist Gottes,
der wie eine Henne
uns geschaffen hat,
uns das Leben geschenkt hat
und uns mit seinen Flügeln bedeckt.

RACHEL CONRAD WAHLBERG

Wer leben will wie Gott

Wer leben will wie Gott auf dieser Erde,
muß sterben wie ein Weizenkorn,
muß sterben, um zu leben.

Er geht den Weg, den alle Dinge gehen,
er trägt das Los, er geht den Weg,
er geht ihn bis zum Ende.

Der Sonne und dem Regen preisgegeben,
das kleinste Korn in Sturm und Wind
muß sterben, um zu leben.

Die Menscben müssen füreinander sterben.
Das kleinste Korn, es wird zum Brot,
und einer nährt den andern.

Den gleichen Weg ist unser Gott gegangen;
und so ist er für dich und mich
das Leben selbst geworden.

Huub Oosterhuis

Wir wundern uns Psalm 62

Zu Gott hin wird still meine Seele

Manchmal wundern wir uns selbst, daß wir noch da sind:
Menschen, die in der Sache Kirche noch einen Sinn sehen.
Menschen, die noch Fragen an den Verein Kirche stellen
und sinnvolle Antworten für möglich halten.
Menschen, die in der Kirche einen Ort möglicher Öffnung
nach oben und in die Tiefe sehen.
Menschen, die um Jesu willen die Kirche kritisch lieben.

Ja, manchmal wundern wir uns selbst, daß wir noch da sind,
obwohl viele die Kirche für eine alte Tante halten,
die nicht im Gestern, sondern im Vorgestern lebt,
obwohl viele die Kirche nur noch mit mildem Spott bedenken,
obwohl viele die Kirche einfach nicht mehr kratzt.

Ja, manchmal wundern wir uns selbst, daß wir noch da sind,
und daß wir glauben an einen Gott, der befreit,
aus Mutlosigkeit und Resignation,
aus Unsicherheit und Verzweiflung,
aus Einsamkeit und Verlorenheit.
Dir, Gott, singen wir ein verhaltenes Lob.

Diethard Zils

Ich steh vor dir mit leeren Händen

Ich steh vor dir mit leeren Händen, Herr;
fremd wie dein Name sind mir deine Wege.
Seit Menschen leben, rufen sie nach Gott;
mein Los ist Tod, hast du nicht anderen Segen?
Bist du der Gott, der Zukunft mir verheißt?
Ich möchte glauben, komm mir doch entgegen.

Von Zweifeln ist mein Leben übermannt,
mein Unvermögen hält mich ganz gefangen.
Hast du mit Namen mich in deine Hand,
in dein Erbarmen fest mich eingeschrieben?
Nimmst du mich auf in dein gelobtes Land?
Werd ich dich noch mit neuen Augen sehen?

Sprich du das Wort, das tröstet und befreit
und das mich führt in deinen großen Frieden.
Schließ auf das Land, das keine Grenzen kennt,
und laß mich unter deinen Söhnen leben.
Sei du mein täglich Brot, so wahr du lebst.
Du bist mein Atem, wenn ich zu dir bete.

HUUB OOSTERHUIS

taufe
oder mit allen wassern gewaschen

wir möchten nicht
daß unser kind
mit allen wassern gewaschen wird
wir möchten
daß es
mit dem wasser der gerechtigkeit
mit dem wasser der barmherzigkeit
mit dem wasser der liebe und des friedens
reingewaschen wird

wir möchten
daß unser kind
mit dem wasser
christlichen geistes
gewaschen
übergossen
beeinflußt
getauft
wird

wir möchten selbst das klare lebendige wasser
für unser kind werden und sein
jeden tag
wir möchten auch daß seine paten
klares kostbares lebendiges wasser
für unser kind werden

wir hoffen und glauben
daß auch unsere gemeinde in der wir leben
und daß die kirche zu der wir gehören
für unser kind das klare kostbare
lebendige wasser
der gerechtigkeit
der barmherzigkeit
der liebe und des friedens ist

wir möchten
und hoffen
daß unser kind
das klima des evangeliums findet
wir möchten nicht
daß unser kind mit allen wassern
gewaschen wird

deshalb
in diesem bewußtsein
in dieser hoffnung
in diesem glauben
tragen wir unser kind
zur kirche

um es der kirche
der gemeinde zu sagen
was wir erwarten
für unser kind
was wir hoffen
für unser kind

wir erwarten viel
wir hoffen viel

Wilhelm Willms

Ein Hoffnungslied

Unsere Hoffnung muß Phantasie bekommen,
die diese kranke Welt neu entwerfen kann,
die das aus-malen, aus-denken, aus-deuten, aus-breiten kann,
von dem wir jetzt nur träumen können:
den neuen Himmel und die neue Erde.

Unsere Hoffnung muß Hände bekommen,
die Hand anlegen an dieser kranken Welt,
heilende Hände anlegen,
die die Tränen abtrocknen
und sich nicht abfinden
mit der Un-er-löst-heit dieser kranken Welt.

Unsere Hoffnung muß Füße bekommen,
die sich wundlaufen für das Heil der Welt,
denen kein Weg zu weit und zu schwer ist,
zu den Menschen zu gehen,
die den Weg Jesu Christi weiter-gehen,
die Gott hier auf Erden in Gang bringen.

Unsere Hoffnung muß Worte bekommen,
die die Menschen verstehen,
ein rechtes Wort zur rechten Zeit,
Worte, die Trauer tragen,
Worte, die trösten,
Worte, die Freude schenken.

Gott hat damit den Anfang gemacht
in seinem geliebten Sohn Jesus von Nazareth,
in ihm hat die Hoffnung der Menschen
die Hoffnung dieser kranken Welt
Hand und Fuß bekommen,
und das im wahrsten Sinne des Wortes.

Gott hat damit den Anfang gemacht,
wir müssen weiter-machen.

Um in Menschen Mensch zu werden

Der nach menschlicher Gewohnheit
genannt wird mit dem eignen Namen,
als in lang vergangner Zeit
er geboren wurde, fern von hier;

der genannt wird: Jeschu, Jesus,

Sohn des Joseph, Sohn des David,
Sohn des Jesse, Sohn des Juda,
Sohn des Jakob, Sohn des Abram,
Sohn des Adam, Sohn der Menschen,

der auch Gottes Sohn genannt wird,
Heiland, Vision des Friedens,
Licht der Welt und Weg zum Leben,
Lebensbrot und wahrer Weinstock,

der, geliebt und unverstanden,
aufbewahrt in Wort und Zeichen
als ein uraltes Geheimnis
durchgegebnes Losungswort,
fremd vertraute Heilserzählung,

der zum Namen im Gedächtnis,
der die Stimme des Gewissens,
der mir Wahrheit ist geworden:
an ihn denk ich hier und nenn ihn
einen Toten, der nicht tot ist,

ein lebendiger Geliebter,

der zu leben sich entschieden
für die Ärmsten aller Armen,
Helfer, Bruder und Gefährte
unter den geringsten Menschen,

der in jenen Tagen, als er
durch die Dörfer seines Landes ging,
Menschen anzog und beseelte,
sie versöhnte miteinander,

der nicht schroff und unnahbar,
nicht hochmütig wie ein Herrscher,
sondern in Gestalt des Knechtes lebte,

der, von einem Freund verraten,
selbst sein Leben für die Freunde preisgab,
der, gequält bis an das Kreuz,
betete für seine Feinde,
der, von Gott und Mensch verlassen,
wie ein Sklave starb,

der verstreut ist in den Acker
wie das kleinste Samenkorn,
der den langen Winter wartet
in der Stille seines Todes,
der wie Ähren abgeerntet,
der wie Brot zu teilen ist,
um in Menschen Mensch zu werden,

der, in seinem Gott verborgen,
Friede uns geworden ist,
unser Herz, zur Ruh gekommen,
der uns aus der Ferne zuwinkt,
der uns aus der Nähe anschaut
wie ein Kind, ein Freund, ein anderer,

sein gedenk ich hier, ihn nenn ich
und empfehl ihn deiner Obhut
als lebendigen Geliebten,
als den Menschen, der dir nah ist.

Huub Oosterhuis

Grenzerfahrung

Erst als Er nicht vom Kreuze stieg,
erst als Er starb,
hilflos und allein,
da wußten seine Jünger:
Sein Reich ist nicht von dieser Welt.

Wär Er nicht am Kreuz gestorben,
hätte Er sich durchgesetzt,
wären seine Jünger nie erwacht.
So sahen sie mit Schrecken:
Mit Jesus wird man nicht mächtig –
im Sinne dieser Welt.
Mit Jesus muß man
auf die
Auferstehung warten
vor und nach dem Tod.

Martin Gutl

Offener Brief an Jesus von Nazareth

Verzeih mir, daß ich an Dich schreibe.
Ganz sicher liegt Dir an mir nichts.
Ein unbedeutender Fall bin ich: Segundo Lopez Sanchez,
Zimmermann von Beruf, verheiratet und fünf Kinder.
Ich arbeite bei einer Baufirma und übernehme Gelegenheitsjobs.
Ich bin einer von Deinen Armen.
Was das angeht, so habe ich weder Kraft noch Geduld.
Herr, der Kampf ums Überleben ist groß
und der Schnaps reicht nicht aus.
Herr, es ist besser, wenn Du herabsteigst
und mit eigenen Augen alles ansiehst.
Ich bin nicht sehr gebildet, aber es heißt,
Du habest in Deiner Jugend denselben Beruf wie ich ausgeübt.
Ich weiß nicht, was es in jener Zeit bedeutete,
von seiner Arbeit zu leben und arm zu sein.
Heute dagegen ist es ein Wunder,
ein größeres als das der Brote und Fische,
wenn man überhaupt etwas auf den Tisch stellen
und teilen kann, damit alle ein bißchen bekommen:
Du kannst es ja selber erfahren:
Komm und arbeite als Zimmermann mit uns,
versuche mit dem Tageslohn auszukommen.
Du wirst Blut schwitzen, wie damals im Garten.
Geh auf die Straßen und beginne zu predigen,
wie Du es einstmals gegen die Pharisäer getan hast.
Wiederhole, was Du von den Reichen
und dem Nadelöhr gesagt hast.
Jage die Händler aus der Kirche,
und wir werden sehen, was passiert.
Wenn sie Dich nicht kreuzigen werden wie damals,
dann deswegen, weil heutzutage ein Wort genügt
und sie haben Dich zum Schweigen gebracht. Ist das nicht witzig?
Herr, komm und hilf uns, damit sie nicht sagen:
»Selbst Christus kann das Problem nicht lösen.«
Von Arbeiter zu Arbeiter bitte ich Dich und unterschreibe:
Dein niedriger Gefolgsmann Segundo Lopez Sanchez.

Brasilien

Er heißt Jesus Christus

Er heißt *Jesus Christus* und leidet Hunger
Er schreit durch den Mund der Hungernden
Und die Menschen gehen vorüber, wenn sie ihn sehen
Sie eilen, um schnell zur Kirche zu kommen.
Er heißt *Jesus Christus* und ist ohne Wohnung
Am Straßenrand schläft er
Und die Menschen gehen schneller, wenn sie ihn sehen
Und sagen, er sei ein betrunkener Penner.

Er ist unter uns und wir haben ihn nicht erkannt
Er ist unter uns und wir verachten ihn.

Er heißt *Jesus Christus* und ist Analphabet
Er lebt ohne Arbeit und bettelt
Und die Menschen sagen, wenn sie ihn sehen: der taugt nichts.
Er sollte besser arbeiten als betteln...
Er heißt *Jesus Christus* und ist verbannt worden
Aus der Gesellschaft und aus den Kirchen
Sie stellen ihn sich als König vor
Während er doch mit den Armen zusammenlebte.

Er ist unter uns...

Er heißt *Jesus Christus* und liegt krank
Er lebt hinter Gittern der Gefängnisse
Und wir besuchen ihn kaum
Wir wissen, daß er an den Rand gedrängt lebt.
Er heißt *Jesus Christus* und ihn dürstet
Nach einer Welt mit Liebe und Gerechtigkeit
Obwohl er sich um Frieden bemüht
Zwingt ihn die öffentliche Unordnung zum Krieg.

Er ist unter uns...

Er heißt *Jesus Christus* und wird abgelehnt
Er lebt unter schmutzigen Huren
Viele vertreiben ihn aus der Stadt
Weil sie Angst haben, ihm die Hand zu geben
Sein Name ist *Jesus Christus* und er ist ganz und gar Mensch
Der in dieser Welt lebt oder leben möchte.
Denn er erkennt keine Hindernisse mehr an
Aus uns allen will er Brüder machen.

Brasilien

Krippenrede der 70er Jahre

also, werd nicht so
wie dieser da
in unklaren familien-
verhältnissen
unterwegs geboren
na ja dafür kann
er nichts
ist keine schande
doch auch nichts
rühmliches
aber dann
als er dreißig war
hatte er
keine ausbildung
kein auskommen
keine rücklagen
keine wohnung
kein reittier
oder fahrzeug
und auch für die ehe
war er offenbar
untauglich
was blieb ihm da
übrig als über
land zu ziehen
langhaarig
schmuddelig
barfüssig
eine clique
von fans bei sich
die ihre familien
und berufe im stich
gelassen hatten
und dann wiegelte
er das volk auf
mit doppeldeutigen
reden und
gefährlichen geschichten
in denen die staatslenker
und die geistlichkeit
die heerführer
und überhaupt alle
die was hatten
schlecht wegkamen
drei jahre hat
man den
edelgammler
aus dem
zufallsgeburtsort
bethlehem so
gewähren lassen bis
er überschnappte
und handgreiflich
wurde gegen die
börsianer und
devisenwechsler
die seit jeher
ihren angestammten
platz im tempel
hatten da war
zapfenstreich, sense,
ex
hinterlassen hat er
ein paar handbreiten
verschwitztes leinen
da war er
dreiunddreißig
im gleichen alter
wie vater der damals
schon die prokura in
henschels drahtzieherei
kriegte jetzt weißt
du bescheid und mir
soll keiner nachsagen
daß ich mich nicht
traue die wahrheit
zu sagen
auch
über diesen
da.

Josef Reding

Nicht der Rauch der Brandopfer

Nicht nur der Weihrauchduft
aus den Kirchen und Domen,
sondern auch der Schrei der Gefolterten
aus zweihundertfünfzig Nationen
dringt zu Dir empor, o Herr!

Nicht nur die heiligen Gesänge
aller Riten und Liturgien
erreichen Dich, Herr,
sondern auch das »Warum?«
millionenfach
aus Krankenhäusern,
Altersheimen,
Tagesstätten.

Du hörst seit Jahrtausenden
die Seufzer der Tiere und Menschen

Du hörst millionenmal:
»Ich kann nicht mehr«,
zu Dir kommt millionenmal
»Ich liebe Dich«

Du bist!
Du bist die Fülle von Freude.
Du bist die Fülle von Schmerz.
Du bist,
während wir werden!

Martin Gutl

Glücklich die Kirche — Psalm 1

Die beiden Wege

Glücklich die Kirche, die nicht blind
ihren eigenen Traditionen vertraut,
doch auch nicht kritiklos auf jede neue Mode hereinfällt.

Glücklich die Kirche,
die nicht nur milden Spott übrig hat für das unsichere
Suchen und Fragen der Menschen
und auch nicht gereizt reagiert,
wenn sie selber Spott erfährt und belächelt wird.

Glücklich die Kirche, die Freude gewinnt aus dem Glauben,
daß ein rettender, befreiender Gott hinter ihr steht,
die nie aufhört zu fragen,
welche Konsequenzen jetzt aus diesem Glauben zu ziehen sind.

Eine solche Kirche könnte Ort der Menschlichkeit sein
in einer unmenschlichen Welt.
Sie könnte den Menschen die Zuversicht schenken, daß Zukunft,
Friede und gleiche Chancen für alle verwirklichbar sind.
Sie könnte selbst Modell dieser Zukunft sein.
Doch eine Kirche, die sich weigert,
sich selbst in Frage stellen zu lassen,
wird ganz aus dem Bewußtsein der Menschen verschwinden.
Sie wird nicht bestehen vor dem Urteil des Herrn, ihres Gottes,
noch vor den Menschen, die nach Gerechtigkeit schreien.

Eine Kirche, die sich vom Establishment löst,
die ständig unterwegs ist zu neuen Realutopien,
braucht keine Angst zu haben, von Gott verlassen zu sein,
aber Gott in Anspruch zu nehmen für eine noch so gutgemeinte
menschliche Sturheit,
ist ein Versuch, der fehlschlagen muß.

DIETHARD ZILS

Antwort auf die Frage, ob das Christentum etwas befreiendes für mich habe

Es war immer langweilig in der Kirche
hör ich sagen, aber
die es mir sagt, ist schon lange erstickt.

Es hat mich nicht angesprochen
hör ich sagen, aber
ich habe keine Sprache gehört
als sie den Lautsprecher abstellten.

Es hat mir immer Angst gemacht
hör ich sagen, aber
der es mir sagt, ist täglich beschäftigt
den Overkill zu verbessern.

Das Evangelium hat mich weinen gelehrt
Es hat mir Angst gemacht vor den Angstlosen
es hat mich angesprochen unter den Sprachlosen
es hat mich durstig gemacht unter den Gelangweilten.

Das ist ein relativer Fortschritt.

DOROTHEE SÖLLE

Feiertäglich

Wir sitzen
in einer wirklich
überaus schönen Kirche,
wohlgekleidet,
wohlgenährt und von
Wohlbehagen erfüllt.

Von der Kanzel verlautet,
daß Armut
selig macht.

Es war
eine wirklich
schöne Predigt.

LOTHAR ZENETTI

Die Kirche kritisch lieben — Psalm 43

Sende dein Licht und deine Wahrheit

Herr, wie soll es weitergehen?

Die einen erwarten, daß ich ihren Kinderglauben immer neu bestätige,
und wollen jede Woche eine Stunde Erbauung von mir;
die anderen verlangen radikale Sprache und eindeutige Stellungnahmen.
Und die, die es besser wissen müßten,
die den Auftrag haben, die Brüder zu stärken,
sie raten mir zu Klugheit und Vorsicht.

Herr, zeig mir einen Weg zur Quadratur des Kreises,
laß mich an deiner Kirche nicht verzweifeln,
und laß mich nicht alleine stehen,
wenn ich sie kritisch liebe.

Herr, gib mir Menschen,
die sich vor unbequemen Fragen, suchendem Glauben und
lautem Zweifel nicht fürchten.
Herr, gib mir Menschen,
die sich dennoch freuen können,
weil du mit uns zu deinem Reich der Freiheit unterwegs bist.

Herr, laß mich nicht mißtrauisch und verbittert werden,
wenn die, die dich ganz genau zu kennen glauben,
mich immer wieder enttäuschen.
Herr, laß mich solidarisch sein nicht nur mit denen,
die mir liegen,
doch auch mit denen, die Erbauung suchen,
und auch mit denen, die die Klugheit über alles stellen.
Herr, gib mir Worte, dich zu loben,
die auch für die anderen überzeugend sind.

DIETHARD ZILS

Allgemein

Ihr betet um Frieden
und ihr meint damit
es soll bleiben wie es ist

Ihr betet um Gerechtigkeit
und ihr meint damit
es soll bleiben wie es ist

Wir meinen
es darf nicht bleiben wie es ist
deshalb beten wir
um Frieden
und Gerechtigkeit

Es hat seine Vorteile
wenn in der Kirche alles
ziemlich allgemein formuliert wird

Lothar Zenetti

Warum ich bleibe

Was mich dennoch hält
in dieser etablierten Kirche,
in dieser die Sache Christi
doch recht zweifelhaft vertretenden
und mit jeweiligen Herrschaftsstruktur
verbündeten Institution,
in der die befreiende Botschaft
immer wieder ins Stocken gerät,
Machtstrukturen für eine scheinbare
Selbsterhaltung gebraucht werden,
theologisch und gottgewollt begründet,
von wegen dem heiligen Geist,
was mich dennoch bleiben läßt,
und warum ich nicht besser
mein Engagement,
mein Fragen und Suchen in ihr,
das Mitleiden, Mitleben und Mitfeiern
an den symbolischen Nagel hängen
und mich befreien sollte
von diesem alten Hut
eines fossilen Christentums –
all das werde ich immer wieder gefragt,
teils mitleidvoll,
teils ironisierend.

Und dann kommt meine Antwort,
keineswegs idealistisch begeistert,
eher zögernd und nüchtern,
während ich darlege,
daß ich die Sache Christi
nicht aufgeben will und kann,
daß ich eben noch nicht alle Hoffnung
fahrengelassen habe,
daß diese Kirche
auch die Kirche Christi sei
oder wieder werden könne.

Fortfahrend erkläre ich,
daß eben diese Kirche
mir Lebensraum bietet
und Möglichkeiten,
schöpferisch zu sein,
daß mir hier so etwas
wie Heimat geschenkt wurde,
daß ich mich trotz allem
hier irgendwie wohlfühle,
Menschen finde,
die mit mir denselben Weg gehen
und so...

Und dann müßte ich noch sagen,
daß es mir schwerfallen würde,
außerhalb dieser Kirche
für die Sache Christi
so zu arbeiten wie hier,
und daß ich,
diese Kirche verlassend,
auf jegliche Möglichkeit verzichte,
an einer besseren Kirche mitzubauen.

Und letztlich müßte ich sagen –
wenn's auch etwas leiser käme –,
daß ich diese Kirche,
wie eben eine Heimat,
die mich leben und froh sein läßt,
daß ich diese Kirche liebe...

PETER PAUL KASPAR

Wir sind gewöhnt, von dir zu reden,
heiliger Gott,
und deinen Namen in den Mund zu nehmen.
Wir machen uns Gedanken über dich,
als hätten wir dich in der Hand,
und leben dabei ohne dich
in unserer selbstgeschaffenen Welt.

Dich selbst möchte ich finden,
nicht die Machwerke meiner Gedanken,
dich, den ich nicht fasse,
nicht begreife, nicht kenne.

Du sagst, in Jesus Christus
könnten wir dir begegnen.
Aber auch ihn schaffen wir ständig nach unserem Bild
und nach unseren Gedanken.
Auch er muß uns fremd werden,
damit wir ihn verstehen
und in ihm dich finden,
den unbekannten, den fremden Gott.

Ich höre ihn sagen: »Selig sind die Armen.«
»Wer sein Leben verliert, wird es gewinnen.«
Das ist fremd.
Ich weiß, daß ich sein Wort erst fassen werde,
wenn ich mein ganzes Herz daran wage.

Ich stehe an der Grenze meiner kleinen Welt.
Meine Gedanken schließen mich ein
wie eine Mauer.
Ich möchte ins Freie treten.

Jesus sagt: Folge mir nach.
Diesen Schritt möchte ich tun;
führe mich, damit ich dich finde.

Jörg Zink

Gebet auf der Suche nach Gott

Um Umschulung
bitten wir,
um Kenntnisse,
die wirklich
dem Leben dienen,
um die Fähigkeit
zur Handarbeit
für den Frieden.

Darum bitten wir
um ein neues Gefühl
für die Sprache
im Hören
auf Unterdrückte
und Minderheiten.
Daß wir ein scharfes
Gehör entwickeln
für die Sprache
von Propheten
und Befreiern.
Daß wir tief getroffen
und wesentlich
verändert werden
durch den Notruf
der Machtlosen,
durch den stillen Protest
aller Sprachlosen.

Um ein neues Verständnis
von Geschichte bitten wir.
Daß wir sie betrachten
aus dem Blickpunkt
der Verlierer,
nicht aus der Perspektive
der Sieger;
aus der Sicht
der Sklaven,
nicht aus dem Blickpunkt
der Herren.

Um ein neues Verständnis
von Erdkunde
bitten wir.
Daß wir die Orte
des Unrechts kennen.
Daß wir wissen,
wo heute
Ägypten liegt
und wo
die Sklaven
der jetzigen Pharaos
wohnen.

Um eine neue
Naturkunde
bitten wir.
Daß wir uns entscheiden
zwischen Schöpfung
oder Zerstörung,
Daß wir die Lagerstätten
des Todes entlarven
und unsern Kampf
für eine menschenwürdige
Umwelt
nicht aufgeben.

Um eine neue Methode
des Rechnens bitten wir.
Daß wir uns üben
im Malnehmen
durch Teilen.
Daß ausgerechnet
das Zeichen
des Brechens und Teilens
das Zeichen
des Überlebens wird.
Daß das letzte Abendmahl Jesu
der erste Überfluß
für alle wird.

DIETHARD ZILS

Vorurteile

Weil dein Vater im Gefängnis war,
wirst du auch Gesetze brechen.
Weil du einmal gestohlen hast,
wirst du es wieder tun.
Weil du reich bist,
weißt du nichts von der Not.
Weil du die Ausbeutung ablehnst,
bist du ein Kommunist.
Weil du Kritik an der Kirche übst,
bist du ein Ketzer.
Weil du der Kirche treu bleibst,
fehlt dir die Toleranz.
Weil du dem Christentum fernstehst,
kannst du nicht gut sein.
Weil du dich Christ nennst,
heuchelst du Liebe.
Weil du jung bist,
verstehst du vom Leben nichts.
Weil du alt bist,
hemmst du den Fortschritt.
Weil du an Werten festhältst,
bist du reaktionär.
Weil du nach Wegen in der Gegenwart suchst,
verrätst du Erprobtes.
Aus dem alten und neuen Geflecht
menschlicher Vorurteile
einige Fäden gezogen.

Keins der unzähligen Vorurteile
ist wahr.
Keins dient dem Frieden.
Keins schafft Brüderlichkeit.

Jedes bedroht im Menschsein
jeden von uns.
Jedes kann tödlich wirken.
Jedes muß abgebaut werden.
Wie kann das geschehen?

Antwort gibt
das einzige Vorurteil Gottes,
zu *jedem* Menschen gesprochen:
Weil du mein Kind bist,
liebe ich dich!

Christa Peikert-Flaspöhler

Stehen bleiben

Von einer fröhlicben Runde kommend, gehe ich zum Friedhof. Da stehen zwei Mädchen, die weinen. Sie haben in diesem Jahr den Vater verloren. Und jetzt, nach einigen Monaten, die Mutter: »Wir haben so viel gebetet. Gibt es wirklich keinen Gott?«

Die Frage »Warum?« hat noch nicht ausgedient. Ich schweige, ich stehe wortlos da als Zeuge Gottes. Stehen bleiben, das ist meine Antwort.

JOSEF DIRNBECK
MARTIN GUTL

Sie tun ja doch, was sie wollen

Verantwortung übernehmen

Sand im Getriebe

seid unbequem, seid sand,
nicht öl im getriebe der welt.
– günter eich

sand in jedem getriebe
wo der mensch zur nummer wird
zum zahnrad
zum objekt
damit die maschinerie
weiter unmenschliches produzieren kann
von dem wir leben
und an dem wir sterben

sand
da wo ein system mit uns rechnet
da wo es uns einkalkuliert hat
weil wir aufgehört haben zu denken

sand
da wo vom allgemeinen volksempfinden
von der allgemeinen meinung
von dem »man denkt so«
geredet wird

sand sein
auch auf die gefahr hin,
zermahlen zu werden
– wie christus

Ulrich Schaffer

Du hast zu Gott ja gesagt,
Maria.
Darum wollten sie aus allen Frauen
Jasagerinnen machen.

Du hast geweint,
Maria.
Darum sagten sie:
Frauen sollen ruhig weinen.

Du hast Lieder gesungen,
Maria.
Darum meinten sie,
alle Frauen haben Grund zur Freude.

So haben sie deinen Namen mißbraucht,
Maria.
Bald werden sie nach deinem Lied
die Sprache verlieren.

Bernhard Lang

Wer ist mein Nächster

Antwort auf eine Umfrage für ein Buch, das Inge Meidinger-Geise machte: »Wer ist mein Nächster?« Ich lese Monate später meine Antwort. Ich muß sie ergänzen.

Wer ist wirklich mein Nächster?

Die politischen Gefangenen in allen Diktaturen
Die vom Machtteufel gejagten Diktatoren
Die beiden jungen Zigeunerinnen, die ein rabiater niederbayerischer Bauer erschoß im Sommer 76
Der unselige Mörder und seine unseligen Richter, die ihn freisprachen
Die gegen eine korrupte, abgewirtschaftete Gesellschaft revoltierende Jugend
Die ans Parteisystem geketteten hilflosen Regierungen
Die sowjetischen Flüchtlinge aus Israel, die kein Land der Erde haben will
Die Israeli, die sich verzweifelt tapfer wehren gegen ein übermächtiges Schicksal
Die Palästinenser, die ihr Heimatland wiederhaben möchten
Die vietnamesischen Flüchtlinge, die in ihren kleinen Schiffen auf den Meeren herumirren, weil kein Staat ihnen Lande-Erlaubnis gibt
Die von deutschen Urlaubern an den Grenzen ausgesetzten Hunde
Der blühende Kirschbaum, den Unbekannte roh und sinnlos umgehauen haben
Die, welche ihn umhieben aus Haß gegen alles Schöne, das ihrem Elend widerspricht
Der in einem finstern Versteck dem Tod ausgelieferte Arbeitgeberpräsident und seine traurigen Bewacher, die glauben, töten zu müssen um einer besseren Zukunft willen
Die von den Verwandten in Irrenhäuser abgeschobenen unbequemen Alten und Unnützen
Die Irrenwärter, die Gefangenenwärter, die Polizisten, die Richter
Die zur Abtreibung getriebenen jungen Mütter...

Weiter! Alles aufzählen. Ein langes Register anlegen. Nichts und niemand auslassen. Das Register wird alles enthalten, was IST. Mein Nächster ist ALLES. Der Christus in Milliarden Gestalten. Was tu ich für ihn?

LUISE RINSER

Zwölftausend Kinder und ein Nächster Psalm 22

Sei uns nicht fern, denn die Not ist nahe

Ich bin 9 Jahre alt,
9 Jahre alt und zwölftausend verlassene Kinder mit mir in Hongkong.
24 Stunden am Tag, das heißt:
24 Stunden Hunger täglich.

Trocken wie Steppengras ist meine Zunge.
Meine Lippen kleben zusammen;
ich bringe keinen Ton mehr heraus.
Mein Kopf nickt »Ja« und schüttelt »Nein«.
Wer weiß,
ob ich nicht schon längst gestorben bin?

Verlaß mich nicht, Nächster;
denn die Not ist zu uns gekommen.
Geh nicht weg, Mensch;
denn die Angst hat mich ergriffen.
Bleib nicht gleichgültig, Weißer;
denn deine Proteste und dein Geld
sind Gold wert.

Wende dich uns zu, Christ;
denn deine Hände und dein Glauben
könnten für uns Berge versetzen.

Uwe Seidel

Religionsunterricht

Es war einmal ein Schüler,
der Religionsunterricht erhielt.
Er quälte sich mit Paulus auf dessen mühsamen Reisen.
Er lernte, Sakramente verbal zu begehren.
Er wurde ein Virtuose im Zeichnen des Grundrisses
des Tempels in Jerusalem, und die Teile der Messe
konnte er ohne hinzusehen allein vom Hören her
genauestens unterscheiden,
was eine besonders gute Leistung war.
Er bemühte sich, Mitleid mit den Entwicklungsländern zu empfinden,
deren Nöte er mit rotem Kugelschreiber
systematisch notiert hatte.
Er bastelte sogar ein persönliches Gebet,
das vor der Stunde gebetet wurde, eine große Ehre.
Aber von dem Geheimnis, dem Befreienden des Mannes Jesus,
von dem tiefsten Warum, davon hörte und wußte er wenig.

Flämische KSJ

Ich stelle mich auf die Seite des Friedens.
Ich stelle mich auf die Seite der Opfer.
Ich stelle mich nicht taub.
Ich stelle mich.
Herr, blicke auf mich.

Ich stelle mich zu denen, die Halt suchen.
Ich stelle mich zu denen, die anderer Ansicht sind.
Ich stelle mich bloß.
Ich stelle mich.
Herr, blicke auf mich.

Ich stelle mich zu denen, die für die Zukunft kämpfen.
Ich stelle mich zu denen, die den ersten Schritt tun.
Ich stelle mich ohne Scheu.
Ich stelle mich.
Herr, blicke auf mich.

BERNHARD LANG

Kehr um!

»Da sah er einen Zöllner namens Levi am Zoll sitzen und sagte zu ihm: Folge mir! Und Levi stand auf, ließ alles liegen und folgte ihm.« LK 5, 27–28

Kehr um,
sonst bleibt alles beim alten!

Kehr um,
sonst ändert sich nichts!

Kehr um,
sonst entfernst du dich von dir!

Kehr um,
sonst siehst du alles von der falschen Seite!

Kehr um,
sonst entgeht dir das Wichtigste!

Kehr um,
sonst bemerkst du nichts vom Ganzen!

Kehr um,
sonst bleibt dir Gott verborgen!

Kehr um,
sonst spielt sich alles hinter deinem Rücken ab!

JOSEF DIRNBECK
MARTIN GUTL

Postkarte an junge Menschen

Gebt nicht nach, wie wir es getan haben,
folgt den Verlockungen nicht,
denkt nach, verweigert,
verweigert, lehnt ab.

Denkt nach, eh ihr ja sagt,
glaubt nicht sofort,
glaubt auch dem Einleuchtenden nicht,
Glauben schläfert ein,
und ihr sollt wach sein.

Fangt mit einem weißen Blatt an,
schreibt selber die ersten Worte,
laßt euch nichts vorschreiben.

Hört gut zu, hört lange zu, aufmerksam,
glaubt der Vernunft nicht,
der wir uns unterwarfen.

Fangt mit der stummen Revolte
des Nachdenkens an,
prüft und verwerft.

Bildet langsam das Ja eures Lebens.
Lebt nicht wie wir.

Lebt ohne Furcht.

WALTER BAUER

Gebet um ein waches Gewissen

Stimmt es, daß du den Regenbogen
als Zeichen des Friedens
und der Verbindung zu den Menschen
verstanden hast?
Dann schaffe am Himmel
ein solch mächtiges Zeichen,
daß es das Gewissen der Völker
erschüttert
und sie dahin führt,
den offensichtlichen Irrsinn der Kriege
und der Mißbildung
einer winzigen Welt der Reichen zu sehen,
die umschlossen und durchdrungen
von den Wassern des Elends ist.
Selbst du,
mit deinem unwiderstehlichen Blick
unendlicher Güte,
hast nicht vermocht,
das Herz des reichen Jünglings
zu bewegen.
Und dabei hatte er
von Kindheit
an deine Gebote
befolgt.
Herr, mein Herr,
laß nicht zu, daß wir
aus falscher Liebe
die schrecklichen Wahrheiten
verharmlosen,
die du den Reichen gesagt hast.

Dom Helder Camara

Als ich die Ziegen sah,
die Kette um den Hals,
damit sie ihren Bereich nicht verlassen
und in die Pflanzungen eindringen,
da hatte ich das lang gesuchte Symbol
für eine ganze Welt gefunden, die abseits gehalten wird:
für die unterentwickelte Welt.

DOM HELDER CAMARA

Exodus

Als israel aus ägypten aufbrach
als die unterdrückung ein ende nahm
als sie aufhörten sich ausbeuten zu lassen
als sie die antreiber los wurden
 da hörte die sicherheit auf
 da wurde es unbequem
 da sank der konsum
das volk murrt
 wollte gott wir wären in ägypten gestorben
 als wir bei den fleischtöpfen saßen
 und hatten brot in fülle zu essen
 denn ihr habt uns in die wüste geführt
 um alle verhungern zu lassen

Als israel aus ägypten aufbrach
als die bauarbeiter nicht mehr mitmachten
und die ziegelbrenner genug davon hatten
für königsgräber zu brennen
 da war es mit dem schönen leben zu ende
 da kam unter ihnen die angst auf
 wohin sie kämen und was nun würde
das volk murrt
 hätten wir doch fleisch zu essen
 wir gedenken der fische die wir in ägypten umsonst aßen
 der gurken melonen der zwiebeln des knoblauchs
 nun bekommen wir nichts als manna zu sehen

Als israel die selbstbestimmung wählte
    statt der fremdbestimmung
als sie die wüste nahmen statt der wohnlichen städte
als sie die wanderschaft vorzogen der seßhaftigkeit
    da kamen sie nicht in das land
    von dem sie gesungen hatten
    nichts war da mit milch und honig
    da gab es einen langen marsch
    und viele starben darüber

das volk fragte sich
    wir müssen wissen was wir wollen genossen
    die kaufhäuser ägyptens
    oder den langen marsch durch die wüste
    vierzig jahre
    die permanente revolution

Dorothee Sölle

Peruanisches Magnificat

Voll Freude sing ich dem Herrn, meinem Retter,
er schaut auf sein armes Bauernmädchen,
das ausgenutzt wird und leidet.
Jetzt werden all die vielen zu mir sagen:
»Gott hat dir geholfen.«
Er ist gut, und er steht immer auf der Seite der Armen.
Wir wissen jetzt: Er ist groß,
den groben Angeber hat er verjagt.
Die Unterdrückten richtet er auf,
und die Herren bringt er zu Fall.
Er gibt Brot denen, die Hunger haben,
und die Reichen tritt er mit Füßen.
Wie er's gesagt hat,
immer kämpft Gott an Seite des Volkes.
(Lukas 1,39–56)
Wir wollen weiterkämpfen
und den Sieg unseres Gottes besingen.
Alle Armen stehen zusammen.
Nie werden wir besiegt.

Ave Maria latinoamericana

Ave Maria
schwanger mit den Hoffnungen unserer Armen
der Herr ist mit dir
gesegnet bist du unter den Unterdrückten
gesegnet sind die, welche befreit aus dir hervorgehen.
Santa Maria, Mutter der Lateinamerikaner
bete für uns, daß wir dem Geist Gottes vertrauen
besonders jetzt, wenn unser Volk um Gerechtigkeit kämpft
und dann, wenn es sie in Freiheit verwirklicht
für ein Leben in Frieden. Amen!

Frei Beto

dritte welt

wer hat die dritte welt
gemacht?
wer hat uns die erste welt
zugeteilt?
wie kam die zweite welt
dazwischen?
wer hat die erste erste klasse
eingerichtet und sich darin
eingerichtet und den anderen
die zweite und dritte und
letzte überlassen,
übrig gelassen?
wer hat die menschheit in rassen
aufgespalten
und vorgeschrieben, daß eine rasse
hoch steht und die andere darum
tiefer stehen muß?
in der schöpfungsgeschichte
ist mit keinem wort von der
dritten welt
oder klassen
oder rassen
die rede.
aber die rede ist
von einer einzigen welt
für eine einzige menschheit.
allen menschen
gehört diese einzige,
allen menschen gehört
diese erste
welt.

Josef Reding

Aus gut unterrichteten Kreisen — Psalm 7

Gebet in Verfolgung

Herr, ich bin von der Menge der Nachrichten verwirrt:
Arbeitslose – Preise steigen – Menschen getötet bei einem Banküberfall – Zugunglück mit 30 jungen Menschen – Flugzeugabsturz mit 137 Touristen auf dem Rückflug – Und die Verkehrstoten jeden Tag.

Die Meldungen verfolgen mich:
Menschliches Versagen – Egoismus – Jeder hat Vorfahrt.
Ich weiß mir nicht mehr zu helfen.
Ich weiß nicht mehr ein noch aus.

Bewahre mich, Herr, vor lähmender Resignation.
Rette mich vor einer zersetzenden
»Man-kann-ja-doch-nichts-tun« Haltung.

Es gibt so viele Menschen, die das Gute wollen,
warum können sie es nicht verwirklichen?
Es gibt so viele gute Gedanken,
die die Menschen und die Welt bewegen könnten,
warum setzen sie sich so wenig durch?

O, Herr, mein Gott, ich will an dem Untergang
der Erde nicht mitarbeiten und mitschuldig werden.
Gib du mir neuen Boden unter die Füße,
damit ich einen sicheren Halt und eine klare Linie habe.
Gib mir Beispiel, nach dem wir uns alle richten können.

Uwe Seidel

chor der getreide-grossisten auf die nachricht von der wunderbaren brotvermehrung

werft gift ins korn!
der brotpreis sinkt.
getreide türmt sich zu gebirgen.
bald gibt es brot für jedermann
auch in den ländern nebenan
auch in den ländern hintendran.
der brotpreis sinkt.
werft gift ins korn!

werft gift ins korn!
der brotpreis sinkt.
man kann sich hemd und hose leisten.
in madras werden alle satt
in recife man nahrung hat
zum erstenmal an hungers statt.
der brotpreis sinkt.
werft gift ins korn!

werft gift ins korn!
der brotpreis sinkt.
der brotkorb hängt in mundesnähe.
wer hat dem volk das brot vermehrt
und uns den preisauftrieb gestört?
warum wird er nicht abgewehrt?
der brotpreis sinkt.
werft gift ins korn!

JOSEF REDING

Konjunktur

Entgegen
dem zögernden Wirtschafts-
wachstum
der Industrienationen –
man fürchtet Stillstand
wenn nicht sogar Rückgang
des selbstverständlichen
Lebensstandards –
zeigt die Bilanz
des Weltkonzerns
Tod
und seiner Tochter-
gesellschaften
Ausbeutung
Unwissenheit
Hunger
Krankheit –
Rekordergebnisse.
Die höchsten Gewinne melden
Afrika
Indien
Ozeanien
und Lateinamerika.

Die beteiligten Industrienationen
dürfen –
nach angemessener Wartezeit –
der Dividenden
gewiß sein.

Christa Peikert-Flaspöhler

Herr Brockstiepel und der Teppich

ach
junger mann
bleiben sie
doch gefälligst
auf dem teppich!
sagt herr
brockstiepel
abwehrend zu einem
17jährigen,
der ihm die
notwendigkeit
und möglichkeit
von veränderungen
mieser verhältnisse
auf dieser welt
zu erklären versucht.
ich besitze
gar keinen teppich
lächelt der junge
mann,
ich stehe
auf der erde.

JOSEF REDING

Als die Arbeitsgruppe
sich an die Arbeit machte,
um ein Arbeitspapier zur Bewältigung
eines Problems zu erarbeiten,
stellte Herr ZETT
unvermittelt die Frage:
Was wird passieren, wenn wir das Papier
nicht machen?
Auf Anhieb wußte keiner
eine plausible Antwort.
Da sagte Herr ZETT:
Spielen wir lieber Domino!

KURTMARTIN MAGIERA

Gastarbeiter

Zu Gast
ist ihre Arbeit geladen,
befristet von unserem Nutzen.
Zu Gast geladen
sind ihre bereiten Hände, als
Lastträger, Schmutzschaufeln,
unberührbar für uns.
Acht Stunden am gastlichen Arbeitsplatz
übergenug.

Sie dürfen wohnen
im luftleeren Raum
oder draußen in Soweto.
Sie dürfen lieben,
wenn sie in Urlaub fahren
oder dort,
wo es feste Preise gibt.
Sie dürfen Vater und Mutter sein,
wenn wir nichts damit
zu schaffen haben.

Unsre Sprache haben sie
zu sprechen,
unsre Lieder haben sie
zu singen,
unsre Bräuche haben sie
zu lernen.

Dann werden sie ohne Schwierigkeit
die Kündigungsschreiben und
amtlichen Abschiebeformeln
verstehen.

Christa Peikert-Flaspöhler

Gründe

»Weil das alles nicht hilft
Sie tun ja doch was sie wollen«

Weil ich mir nicht nochmals
die Finger verbrennen will

Weil man nur lachen wird:
Auf dich haben sie gewartet

Und warum immer ich?
Keiner wird es mir danken

Weil da niemand mehr durchsieht
sondern höchstens noch mehr kaputtgeht

Weil jedes Schlechte
vielleicht auch sein Gutes hat

Weil es Sache des Standpunktes ist
und überhaupt wem soll man glauben?

Weil auch bei den andern nur
mit Wasser gekocht wird

Weil ich das lieber
Berufeneren überlasse

Weil man nie weiß
wie einem das schaden kann

Weil sich die Mühe nicht lohnt
weil sie alle das gar nicht wert sind

Das sind Todesursachen
zu schreiben auf unsere Gräber

die nicht mehr gegraben werden
wenn das die Ursachen sind

Erich Fried

Als sich eine Schülerin das Leben genommen hatte

Ich habe es nicht gewußt
du hast es nicht gewußt
er sie es wir ihr sie
haben es nicht gewußt
Ich habe es nicht wissen können
ich habe es nicht wissen wollen
ich habe es nicht kommen sehen
ich habe es laufen lassen
ich habe es nicht aufhalten können
ich habe auch nur zwei augen
ich habe auch nur zwei hände
ich habe auch nur ein telefon
ich kann nicht überall sein
ich bin nicht immer erreichbar
Ich glaube an christus sagt man
er hätte ihr helfen können sagt man
wenn ich du er sie es wir ihr sie
christus geworden sind
braucht man nicht mehr
sagt man zu sagen

Dorothee Sölle

Die Welt verändern

Die Philosophen haben die Welt nur verschieden interpretiert;
es kommt darauf an, sie zu verändern.
KARL MARX: ELFTE THESE ÜBER FEUERBACH

Die Welt verändern,
klingt vielen christlichen Zeitgenossen
blasphemisch genug in den Ohren.
Als ob nicht der Heiland gekommen wäre
– meinen sie –,
um uns nach diesem irdischen Jammertal
himmlisch getröstet in sein Reich heimzuholen.
Als ob nicht sein Reich
– meine wiederum ich –
hier auf Erden uns zukommen solle.

Reihen wir das Christentum ein
in die endlose Schlange
jener Philosophien und Weltanschauungen,
die an der Welt und am Menschen
nur herumgedeutelt haben,
ohne etwas von seiner Not zu lindern
oder etwas von seinem Elend zu nehmen?

Haben wir ein Recht,
Arme und Unterdrückte
auf ein trostreiches Jenseits zu verweisen
und sie ungetrost zu belassen?

Sind wir nicht feine Schlaumeier,
wenn wir arm und reich
als gottgewollte Gegensätze hinstellen
und durch Nächstenliebe zu mildern suchen?

Wird nicht die christliche Nächstenliebe
als systemstabilisierender Faktor
– wie unsere linken Freunde meinen –
zum Handlanger ungerechter Gesellschaftssysteme?

Kastrieren wir nicht das Christentum
und seine schöpferische Kraft,
wenn wir das »Selig, ihr Armen«
bloß auf den Himmel hin deuten?

Bleibt nicht jede Nächstenliebe
verlogene Oberflächenkosmetik,
wenn wir wohl den Armen helfen,
nicht aber die Armut verhindern?

Haben wir ein Recht,
das Brot zu brechen,
das Christus ist,
wenn allenthalben Brot fehlt?

Haben wir ein Recht,
den Himmel zu predigen,
wenn vielen diese Erde zur Hölle wird?

Dazu gibt es die Gewerkschaft
– höre ich sagen –,
wir sind eine Religionsgemeinschaft,
wir beten und singen
und feiern unseren Gottesdienst,
wir sagen den Menschen,
was gut ist und böse.
Aber durchführen,
nein, das müssen sie schon selbst!
Wir sprechen von den ewigen Wahrheiten
– höre ich sagen –,
wir predigen das,
was bleibt,
was hinter den Dingen steht,
wir reden über den Sinn des Lebens,
von unserer letzten Bestimmung und so...

Da war aber euer Jesus glaubwürdiger
– würden unsere linken Freunde antworten –,
der hat sich mit dem System angelegt,
mit den Reichen und Etablierten,
der hat sich umbringen lassen
für seine Idee!
Ist er vergeblich gestorben?

Peter Paul Kaspar

Angst vor den Angstlosen

Mut fassen

Ich gebe zu, ich habe Angst

Ich gebe zu, ich habe Angst.
Ich habe versucht, meine Angst zu verstecken.
Ich habe versucht, selbstsicher aufzutreten,
um meiner Umgebung zu zeigen, wer ich bin.
Ich habe mich nicht preisgegeben;
ich habe zwar Informationen weitergegeben,
mich selbst aber aus allen Gesprächen
und jeder Stellungnahme herausgehalten.
Ich habe nie richtig zugehört,
ich habe nur registriert.

Ich gebe zu, ich habe Angst.
Ich habe Angst, die Menschen könnten
mein Wort mißbrauchen.
Ich habe Angst, mein Vertrauen könnte jemanden
verführen, mich zu erpressen.
Im Grund vertraue ich niemandem,
auch mir selbst nicht.
Es ist mir zu riskant, auf andere zu bauen.
Ich kenne zu viele,
die für ihr Vertrauen gebüßt haben.

Ich gebe zu, ich habe Angst.
Denn ich habe zu wenig Menschen,
die mich lieben,
die mir freundliches sagen.
Ich habe Angst um meinen Arbeitsplatz,
ich habe Angst, meinem Chef unangenehm
aufzufallen.
Ich habe Angst vor Menschen
mit einer eigenen Meinung.

Ich habe Angst vor Menschen,
die sich gegen das Unrecht zur Wehr setzen,
weil sie mir meine Feigheit bewußt machen.

Ich habe Angst vor einem Mann
namens Jesus von Nazaret,
denn er hat etwas getan,
was ich an seiner Stelle
nie gemacht hätte.

Josef Dirnbeck
Martin Gutl

Sie haben die Wahrheit gepachtet Psalm 55

Klage eines Alleingelassenen

Herr, heute mußt du es hören, was ich dir sagen will,
Herr, gib mir ein Zeichen, daß du mich wirklich gehört hast.
Denn ich bin am Ende meiner Kräfte, ich weiß nicht mehr aus noch ein.
Das Reden von Menschen, die glauben,
die Wahrheit gepachtet zu haben, verwirrt mich.
Sie stellen Glaubensbekenntnisse auf,
in denen alles, was mir heilig ist, Verrat am Glauben genannt wird.
Du weißt, daß ich das Evangelium Jesu liebe,
doch das Reden mancher Vertreter der Amtskirche
bringt mich total durcheinander.
Ich habe Angst, daß sie mich aus deiner Kirche herausdrängen wollen,
ich habe Angst, daß ich mich über kurz oder lang herausdrängen lasse.
Sicher, ich mache mir selber Mut:
»Vertrau auf das Evangelium,
auch die Kirche ist nur eine Gemeinschaft von Menschen,
du mußt über dem allzu Menschlichen stehen.«
Doch, Herr, wer lebt schon gerne in einer Familie,
wenn sie sich dort nur gegenseitig anbrüllen,
wenn sie sich dort das Leben zur Hölle machen.
Und wer lebt gerne in einer Gemeinschaft, wo wenige alles bestimmen,
auch wenn es dem Grundgesetz dieser Gemeinschaft zuwider ist.
Und wer möchte den auf die Dauer seinen Bruder nennen,
der ihn ständig um seine Rechte betrügt.
Wär es ein erklärter Gegner der Kirche, der mich beschimpfte,
ich würde es gerne ertragen,
und würden die mich verspotten, die dein Evangelium niemals
kennengelernt haben, ich würde mich nicht darum kümmern.
Aber Menschen, die getauft sind wie ich,
die sich auf dein Evangelium berufen wie ich,
auf deren Gemeinschaft ich früher stolz war,
mit denen ich hunderte Male dein Abendmahl gefeiert habe,
wenn diese einen Feldzug führen gegen mich und meine Freunde,
Herr, das kann ich auf die Dauer nicht ertragen.
Herr, heute mußt du es hören, was ich dir sagen will,
Herr, gib mir ein Zeichen, daß du mich wirklich gehört hast.

Diethard Zils

Meine Angst

Herr, ich habe Angst
vor Erfindern von Neutronenbomben,
vor Menschen, die Macht und Stärke für sich wollen,
vor Politikern, die keine Angst haben und vor denen,
die ständig vor Pazifisten Angst machen,
vor Politikern, die mir helfen wollen, meine Angst zu überwinden,
ohne die Ursachen der Angst zu beseitigen,
vor Menschen, die schweigen.

Ulrich Preis

Meine Ängste

Ich habe ANGST.
ANGST vor mir selber.
ANGST vor den Menschen.
ANGST vor Gott.
Ich habe ANGST.
ANGST vor dem Krebs.
ANGST vor dem Tod.
ANGST vor dem Leid.
Ich habe ANGST.
ANGST daß ich nicht ich selber sein kann.
ANGST daß ich nicht ich selber sein darf.
ANGST mein Ich zu sprengen und einem Du die Tür zu öffnen.
Ich habe ANGST.
ANGST ich selber zu sein.
ANGST mich so zu nehmen wie ich bin.
ANGST mich fallenzulassen.
Ich habe ANGST.
ANGST nicht glücklich zu werden.
ANGST daß meine Liebe im Unwesentlichen bleibt.
ANGST daß meine Gefühle zu sehr über mich Herr werden.
Ich habe ANGST.
ANGST aus mir herauszugehen in ein Du eines Anderen hinein.
ANGST mich ganz loszulassen und fallenzulassen.
ANGST mich ganz zu verlieren.
Ich habe ANGST.
Ich habe ANGST daß ich
ANGST habe...

Manfred Langner

Wir haben uns gestritten
und im Streit verlassen.
Ich habe im Lärm
nur meine eigene Stimme gehört.
Jetzt starren mich
meine lauten Worte
sinnlos an.
Keiner
entwirrt meine Sinne.
In mir ist es leer,
und ich weine.
Meine eigenen Worte
sind leer.
Ich spüre nicht mehr,
daß ich lebe.
Von Hoffnung und Gott
spüre ich nichts.
Bist du da, Gott?
Wenn du nicht da bist,
weine ich nur
vor mir selber.

BERNHARD LANG

Siebenmal vorbestraft

Herr,
in meinem Leben
lief eigentlich schon immer
alles schief.

Schon meine Geburt
war ein Unglück.
Statt Geborgenheit
bekam ich Prügel,
statt Nestwärme
einen Platz im Heim.

Von einem Heim
kam ich ins andere,
nirgends war ich länger
als ein halbes Jahr,
überall sagte man mir,
daß ich sehr schwierig sei.

Zum Schluß holte mich
ein neuer Stiefvater
heim,
aber der konnte mir
auch nicht geben,
was er selbst
nicht bekommen hatte.

Inzwischen
bin ich fünfunddreißig, Herr,
wer bin ich?

»Eine höchst abnorme Persönlichkeit« – meint der Psychiater.
»Unverbesserlich« – behauptet der Richter.
»Siebenmal vorbestraft« – sagt der Staatsanwalt.
»Knastgewohnt« – meinen die Vollzugsbeamten.
»Ein alter Knacki« – sagen die Mitgefangenen.
»Ein hoffnungsloser Fall« – denke ich.

Und was denkst DU, Herr...?
Wer bin ich für DICH...?

PETRUS CEELEN

Herr Brockstiepel und die Penner

herr brockstiepel
sieht bei
einem spaziergang
abgewrackte menschen
unter der
brücke;
herr brockstiepel
ruft:
ihr penner
und wermutbrüder,
ihr tagediebe
und hungerleider
gehört alle
in fürsorgeheime
und lager
und in den knast.
da kommen wir her,
sagen die menschen
unter der brücke:
aus
fürsorgeheimen
und lagern
und dem
knast.

Josef Reding

Sorgen der Satten

Nach der jetzigen Mode
sind meine Stiefel
drei Zentimeter zu kurz.
Unser neues Auto
wird vier Wochen später
geliefert.
Die Preise
für Zigaretten und Alkohol
steigen.
Fünfzig Pfennige Lohnerhöhung
pro Stunde
verlangt unsre Putzfrau
(unverschämt!).
Im Ferienort
bekommen wir nur noch
ein Zimmer ohne Dusche
und ohne WC.
Mein Fußballverein
steigt ab.
Der nächste Laden
führt nur
fünf Sorten Brot.
Vierzehn Tage
soll die Reparatur
des Fernsehers dauern.
Meine Freundin
will nicht mehr
die Pille schlucken.
Schon wieder
blieb die Schlankheitskur
ohne Erfolg.

Und das ist nicht alles.

Christa Peikert-Flaspöhler

Der Tod und der Gänsehirt

Einmal kam der Tod über den Fluß, wo die Welt beginnt und endet. Dort lebte ein armer Hirt, der eine Herde weißer Gänse hütete.

»Du weißt, wer ich bin, Kamerad?« fragte der Tod.

»Ich weiß, wer du bist. Du bist der Tod. Ich sah dich oft auf der anderen Seite des Flusses, ich kenne dich so gut, daß du mir wie ein Bruder bist.«

»Dann weißt du, daß ich hier bin, um dich zu holen und mitzunehmen auf die andere Seite des Flusses?«

»Ich weiß es.«

»Du fürchtest dich?«

»Nein«, sagte der Hirt, »ich habe immer auf die andere Seite des Flusses geschaut, ich kenne sie. Nur meine Gänse werden dann allein sein.«

»Ach«, sprach der Tod, »ein anderer Hirt wird kommen.«

»Dann ist auch das so in Ordnung«, sagte der Hirt.

»Nun, ich werde dir noch ein wenig Zeit lassen. Wünsche dir etwas, was ich dir geben werde.«

»Ach«, sprach der Hirt, »ich habe immer alles gehabt, was ich brauchte. Eine Jacke, eine Hose und einiges zu essen. Mehr habe ich nie gewollt. Ich hatte ein glückliches Leben. Ich kann die Flöte spielen.«

Nun gut, der Tod ging weiter, denn er hatte noch einige andere in der Welt abzuholen, und kam nach einer Weile wieder. Hinter ihm gingen viele. Ein Reicher war dabei, ein Geizhals, der nun alles verloren hatte, woran er gehangen hatte. Wertvolles und wertloses Zeug, Klamotten, Aktien, Gold und Häuser. Er jammerte und zeterte, denn nun hatte er nichts als sein Hemd. »Fünf Jahre noch. Fünf verdammte, kurze Jahre, und ich hätte die ganze Stadt besessen...«

Dann war da ein Rennfahrer. Er wurde kurz vor dem Ziel vom Tod abgeholt. Er hatte sein Leben lang trainiert, um den großen Preis von Monte Carlo zu holen. Er fluchte und schrie: »Fünf Minuten haben mir gefehlt. Fünf lächerliche Minuten, was bedeuten die schon in der Ewigkeit, und ich wäre der größte Rennfahrer aller Zeiten gewesen.«

Ein Berühmter war dabei, dem noch ein Orden gefehlt hat, für den er sein ganzes Leben aufgewendet hatte.

Dann war da ein junger Mensch, der ohne seine Braut niemals hätte leben können. Wie weinte er doch so bitterlich.

Schöne Fräuleins mit langen Haaren waren da, Reiche und Arme. Ein Armer war froh, daß sein armseliges Leben zu Ende war. Die anderen jammerten, weil sie lieber reich gewesen wären.

Ein alter Mann war freiwillig mitgegangen, denn ihm hatte das Leben nie so recht gefallen. Nun wollte er wissen, wie es danach sein wird.

Als der Tod dem Gänsehirten die Hand auf die Schulter legte, stand dieser fröhlich auf und ging mit ihm mit, als habe er seinen Bruder getroffen.

Nur die Flöte hätte er gerne mitgenommen, aber das war dann nicht nötig, denn die Töne, die er einst gespielt hatte, waren da hinter dem Fluß ewig zu hören.

Janosch

Nur wenn einer kommt…

den Anderen brauchen

Die höheren Gnadengaben – das Hohelied der Liebe:

Ich zeige euch jetzt noch einen anderen Weg, einen, der alles übersteigt:

Wenn ich in den Sprachen der Menschen und Engel redete, / hätte aber die Liebe nicht, / wäre ich dröhnendes Erz oder eine lärmende Pauke.

Und wenn ich prophetisch reden könnte / und alle Geheimnisse wüßte / und alle Erkenntnisse hätte; / wenn ich alle Glaubenskraft besäße / und Berge damit versetzen könnte, / hätte aber die Liebe nicht, / wäre ich nichts.

Und wenn ich meine ganze Habe verschenkte, / und wenn ich meinen Leib dem Feuer übergäbe, / hätte aber die Liebe nicht, / nützte es mir nichts.

Die Liebe ist langmütig, / die Liebe ist gütig. / Sie ereifert sich nicht, / sie prahlt nicht, / sie bläht sich nicht auf.

Sie handelt nicht ungehörig, / sucht nicht ihren Vorteil, / läßt sich nicht zum Zorn reizen, / trägt das Böse nicht nach.

Sie freut sich nicht über das Unrecht, / sondern freut sich an der Wahrheit.

Sie erträgt alles, / glaubt alles, / hofft alles, / hält allem stand.

Die Liebe hört niemals auf. / Prophetisches Reden hat ein Ende, / Zungenrede verstummt, / Erkenntnis vergeht.

Denn Stückwerk ist unser Erkennen, / Stückwerk unser prophetisches Reden;

wenn aber das Vollendete kommt, / vergeht alles Stückwerk.

Als ich ein Kind war, / redete ich wie ein Kind, / dachte wie ein Kind / und urteilte wie ein Kind.

Als ich ein Mann wurde, / legte ich ab, was Kind an mir war.

Jetzt schauen wir in einen Spiegel / und sehen nur rätselhafte Umrisse, / dann aber schauen wir von Angesicht zu Angesicht.

Jetzt erkenne ich unvollkommen, / dann aber werde ich durch und durch erkennen, / so wie ich auch durch und durch erkannt worden bin.

Für jetzt bleiben Glaube, Hoffnung, Liebe, diese drei; / doch am größten unter ihnen ist die Liebe.

Korinther, 13

Steinmeditation

Nimm den Stein in die Hand,
fühle ihn.
Er ist hart, wie die Herzen der Herrschenden;
hart wie Stein.

Umschließe ihn mit der Hand,
erwärme ihn,
den kalten Stein.
Nur wenn du ihn umfaßt,
ihn mit deiner Hand umgibst,
nimmt er Wärme an,
wie ein kaltes Herz.

Begreife ihn mit deinen Fingern,
nur wenn du ihn begreifst,
wirst du dich mit ihm befreunden.
Fühle über seine Fläche,
die glatte, an der alles herunterperlt,
die kantige, die dir weh tut
und dich verletzen kann,
deine Empfindlichkeit, dein Fingerspitzengefühl,
deine Haut, die dich schützt.

So wird er ein Teil von dir:
denn so bist du oft selber – steinhart,
und kalt,
und aalglatt,
und gefühllos,
und kantig,
scharf und verletzend.

Geschleudert als Stein
gegen die Befreiung der Unterdrückten,
geschleudert,
um jede menschliche Regung im Keim zu ersticken,
geworfen
gegen die verzweifelten und schreienden Menschen.

Ich mit meiner Meinung,
mit meinem Vorurteil,
steinhart in meiner Gleichgültigkeit,
treffe die Armen, die Lieblinge Gottes,
und lasse sie treffen – täglich.

Nur wenn einer kommt
und die Hand um dich legt,
wandelt deine Kälte sich um in Wärme.

Nur wenn einer kommt
und dich umfaßt,
wird die stumme Kälte sich auflösen
und Steine werden reden.

Nur wenn einer kommt
und sich deiner annimmt,
wirst du nicht mehr »zum-Stein-erweichen«
zum Himmel schreien.

Nur wenn einer kommt
und dich aufnimmt,
wird niemand mehr über dich stolpern.

Nur wenn einer kommt
und dich anrührt,
wird aus Steinen klares Wasser fließen;
die Durstigen werden ihre Sehnsucht stillen.

KIRCHENTAG, HANNOVER 1983

Ich freue mich, daß du da bist
mit deinem glänzenden Haar,
mit deinen leuchtenden Augen,
mit deinem lachenden Mund.
Ich freue mich, daß du da bist.
Du bist anders als ich
beim Tanzen, beim Reden, beim Spielen.
Du bist anders als ich:
Wie du gehst,
wie du mir zuwinkst
und mich anlachst.
Ich freue mich, daß du da bist.
Wenn ich dich treffe,
wird all das andere unwichtig:
Elternhaus, Schule, die Arbeit.
Wenn ich dich sehe,
ist die Welt viel schöner als sonst,
und ich bin froh, daß ich lebe.

Mein Gott, ich bin glücklich.
Es gibt einen Menschen, der mich liebt.
Er kommt mir entgegen. Er sieht mich an.
Er nimmt mich in die Arme. Er hört mir zu.
Er antwortet mir. Er spricht zu mir.

Mein Gott, ich bin glücklich.
Es gibt einen Menschen, den ich liebe.
Langsam entsteht sein Bild vor mir,
mit Licht und Schatten für ihn.
Ich vertraue ihm, ich fühle mich bei ihm
geborgen, ich überlasse mich ihm.

Mein Gott, ich bin glücklich.
Es gibt einen Menschen, den ich liebe.
Ich möchte ihm Gutes tun. Ich möchte
ihm nie weh tun. Ich möchte um seiner
selbst willen, daß er in seiner Liebe
frei, selbstbewußt und wahrhaftig ist.

Mein Gott, ich danke dir, daß wir miteinander
glücklich sind. Ich bitte dich, laß uns in
unserer Liebe nicht allein.

Wußtest du schon
daß die nähe eines menschen
gesund machen
krank machen
tot oder lebendig machen kann

wußtest du schon
daß die nähe eines menschen
gut machen
böse machen
traurig und froh machen kann

wußtest du schon
daß das wegbleiben eines menschen
sterben lassen kann
daß das kommen eines menschen
wieder leben läßt

wußtest du schon
daß die stimme eines menschen
einen anderen menschen wieder aufhorchen läßt
der für alles taub war

wußtest du schon
daß das wort oder das tun eines menschen
wieder sehend machen kann
einen
der für alles blind war
der nichts mehr sah
der keinen sinn mehr sah in dieser welt
und in seinem leben

wußtest du schon
daß das zeithaben für einen menschen
mehr ist als geld
mehr als medikamente
unter umständen mehr
als eine geniale operation

wußtest du schon
daß das anhören eines menschen
wunder wirkt
daß das wohlwollen zinsen trägt
daß ein vorschuß an vertrauen
hundertfach auf uns zurückkommt

wußtest du schon
daß tun mehr ist als reden
wußtest du das alles schon
wußtest du auch schon
daß der weg vom wissen über das reden
zum tun
unendlich weit ist.

Wilhelm Willms

Eine Woche ist vergangen.
Ich schüttle mir den Staub von den Kleidern.
Nicht alle Erwartungen
haben sich erfüllt.
Ich habe auf einen Brief gewartet,
er kam nicht.
Ich habe gehofft, sie redet wieder mit mir;
sie tat es nicht.
Ich wollte mit ihr sprechen;
ich habe es nicht gewagt.
Ich habe versucht, meine Aufgabe zu erfüllen;
es gelang nicht.
Ich wollte einen Besuch machen;
ich traute mich nicht.
Laß mich die Tränen nicht vergessen,
Gott,
die Wünsche nicht verschweigen,
die Erwartungen nicht aufgeben,
den Willen nicht verlieren –
auch wenn wieder Staub auf die Kleider fällt.

BERNHARD LANG

Verliebt

Verliebt.
Ein wunderbares Gefühl.
Der Frühling im Herzen.
Alles wird anders, alles bekommt Farbe.
Wenn du verliebt bist,
wird alles schön und voller Sonne,
denn auf einem Auge bist du blind geworden,
blind für die schlechten,
häßlichen Seiten des Lebens.
Verliebtheit gibt es auf vielerlei Art,
aber eine haben wir
in unserer wirren, komplizierten,
problemgeschüttelten Gesellschaft
ganz besonders nötig:
Verliebtheit in einfache,
alltägliche Dinge.

Die Entdeckungen der jüngsten Zeit
sind keine Entdeckungen der Weisheit,
sondern der Geschwindigkeit,
die dich deinem Glück
keinen Schritt näherbringen.
Entdecke wieder die einfachen Dinge,
den Einklang der Freundschaft,
ein paar Blumen für einen Kranken,
eine offene Tür, einen gastlichen Tisch,
ein Ei essen oder einen Hering,
in einem Liegestuhl liegen
und in die Luft gucken,
einen Händedruck, ein Lächeln,
die Stille in einer Kirche,
die Malerei eines Kindes,
das Aufblühen einer Blume,
das Zwitschern eines Vogels,
die Pappelallee, den Bach,
einen Berg, eine Kuh...

Das Leben wird ein Fest,
wenn du dich freuen kannst
an den einfachen alltäglichen Dingen.
Der Frühling kommt.
Ich bin verliebt in einfache Dinge.

PHIL BOSMANS

Morgens
und abends zu lesen

Der, den ich liebe
Hat mir gesagt
Daß er mich braucht.

Darum
Gebe ich auf mich acht
Sehe auf meinen Weg
Und fürchte
Vor jedem Regentropfen
Daß er
Mich erschlagen könnte.

Bertolt Brecht

auf und ab

Mädchen,
du wünschst dir einen Mann,
zu dem du
aufschauen kannst?!

Du willst also einen Mann,
der auf dich
herabblickt?

Volker Erhardt

Ich darf nicht die Tür sein,
durch die der Nächste geht,
darf ihn nicht zu mir rufen,
ihn verpflichten,
meine Wege zu gehen,
meine Zugänge zu den seinen zu machen,
von meinen Schlüsseln abhängig zu sein.
Wenn meine Türe Christus ist,
kommt es darauf an,
einem jeden Bruder zu helfen,
daß er den Weg zum Vater findet,
auf dem er er selbst bleibt.

Dom Helder Camara

Manchmal denke ich nach und sinne und frage, warum ich da bin.
Ob ihr wohl wißt, daß ich euch anvertraut bin,
für einige Jahre, aber nicht euer Besitz?
Ihr habt mich nicht so wie man sich Dinge anschafft und dann mit ihnen umgeht, solange sie einem gefallen. Euch gehöre ich nur, soweit ihr mich euch vertraut macht, und Verantwortung übernehmt für mein Leben.
Meine Eltern, wenn ich älter werde und anders als ihr es euch gewünscht habt,
wenn ihr bemerkt, daß mit mir ein anderes Leben begann, auch ein fremdes, das eurem Leben nicht gleicht, werdet mir Freunde, die mich bejahen, so wie ich bin.
Schenkt mir die Liebe, die annimmt, vertraut und begleitet, damit ich sie lerne,
und mutig werde zu schenken.
Mein Vater und meine Mutter, wenn ihr mich freigebt aus Liebe,
kann ich mich finden, euch, und das Leben.
Sonst nicht.

EINE 16JÄHRIGE

Unauffällige Geisteskrankheiten

Jemanden abgöttisch lieben,
ihn abhängig halten.

Mit heiliger Begeisterung
die Dinge einseitig sehen.

Aus Vorurteilen
sein Wissen aufbauen.

Mit Formeln und Normen
den Geist auslöschen.

Mit sturen Gedanken
ein Gespräch beginnen.

Nach kurzem Verliebtsein
eine Ehe schließen.

Den Tod verdrängen,
ständig vergnügt sein,
die Stille fürchten,
heilig reden,
schäbig handeln.

Gott Vorwürfe machen,
statt sich selbst
zu erforschen.

MARTIN GUTL

du mußt alles mal ausprobiert haben

klingt nicht schlecht:
mal an alles rangehen,
in alles reinriechen,
alles anpacken,
alles mitnehmen:
menschen
dinge
situationen.
aber wie ist das mit
der blume?
muß man blütenblätter
und staubgefäße zerfetzen,
um zu wissen, was
eine blume ist?
und wie ist es mit dem
gift?
muß man erst eine ampulle
zyankali zerbissen haben,
um zu wissen, was gift ist?
und wie ist es mit dem
menschen?
kann man ihn anprobieren
wie bluejeans?
kann man ihn ausprobieren wie
ein spielzeug?
kann man ihn kaputtmachen und
dann wegwerfen?
heißt ausprobieren:
probieren! – aus!?

JOSEF REDING

Blüten

Blüten werden
zerzupft:
»Liebt mich.«
»Liebt mich nicht.«
»Liebt mich.«

Blüten haben
ihre Zeiten.
Auch
Liebende.

Mädchen
winden
Blütenkränze.
Wieso
nicht auch
Jungen?

Sie fühlten sich
im siebten Blütenhimmel.
Dann
kam
die Erde.

Blütenblätter
fallen ab.
Manche Lieben
welken
schnell.

Blühen
in Dauerblüte?
Ich sah
ein sehr altes
Liebespaar.

Blütenblätter
machen sich rar.
Gibt es
blütenlose
Liebe?

Liebe
mit erborgtem Glanz?
Diese Liebe bringt
Steine
zum Blühen.

Wolfgang Dietrich

Wir nehmen einander die Liebe weg,
die du uns geschenkt hast, damit wir glücklich seien.
Wir machen einander das Leben zur Hölle,
wir fügen einander Gewalt und Leid zu,
wir belügen und mißachten einander,
wir beuten einander aus und mißbrauchen einander.
Wir bleiben einander das Vertrauen schuldig,
das du in uns gesetzt hast.
Wir trennen uns voneinander
und zerreißen das Vertrauen,
das unser Leben glücklich machen sollte.
Vergib uns unsere Schuld.

Jörg Zink

Requiem für eine Ehe

Sie sehnte sich
nach einem hohen Titel
Er suchte
eine makellose Haut.

Ehe sie einander kannten,
setzten sie die Hochzeit an.

Er spielte seine Rolle.
Sie zeigte ihre Maske.

Ehe sie einander kannten,
waren sie geschieden.

Ist die Täuschung schon beendet.
Ist die Einsicht jetzt im Kommen?

Martin Gutl

Trennung

Der erste Tag war leicht
Der zweite Tag war schwerer
Der dritte Tag war schwerer als der zweite

Von Tag zu Tag schwerer:
Der siebente Tag war so schwer
daß es schien er sei nicht zu ertragen

Nach diesem siebenten Tag
sehne ich mich
schon zurück

ERICH FRIED

Die guten Gärtner

Wie schön
daß wir Hand in Hand
in den Garten gehen
und unseren jungen Baum
begießen
und pflegen

Ich klaube Raupen ab
Du bringst ihm Wasser!
Wie grün er wäre
wenn wir ihm nicht
die Wurzel
abgehackt hätten

ERICH FRIED

Wenn ihnen etwas zu nahe geht,
rufen sie: Das geht zu weit!

ERICH FRIED

aussätziger vor chetpet

die weißgefleckte
hand des stummen
aussätzigen jungen
war schon
zur klaue
erstarrt.
die ärztin
mit der
praxis
unter dem baum
vor chetpet
steckte die
fast verdorrte hand
täglich in
einen heißen brei
aus paraffin.
sie knetete
die hand
und ermunterte
den stummen jungen,
die finger zu bewegen.
erst lächelte der
aussätzigenjunge
zweifelnd.
als er zum
erstenmal wieder
einen griffel
halten konnte,
schrieb er
auf ein
schieferstück:
danke.

Josef Reding

Wie ein Stein der ins Wasser fällt

wir schlagen kreise
wenn wir handeln
wir schlagen kreise wenn wir nichts tun

was wir getan haben
können wir nicht ableugnen
was wir unterlassen haben wird sichtbar

meine freude breitet sich aus
wie die ringe um den stein im wasser
berührt menschen und verändert ihren tag

mein ärger schlägt einen kreis
und seine feinen wellen sind unsichtbare ketten
für meinen freund und mich

meine ruhe läßt dich aufatmen
mein hochmut läßt dich ersticken
meine demut gibt dir neue hoffnung
meine gleichgültigkeit läßt dich leiden
meine selbstdisziplin verändert dein leben
meine ungeduld raubt dir die ruhe
mein glaube hilft deinem glauben

wir formen die welt
wir tragen bei
es liegt an uns

Ulrich Schaffer

Hart haben sie mich bedrängt

mit Psalmen beten

Der gute Hirt

Der Herr ist mein Hirte, / nichts wird mir fehlen.

Er läßt mich lagern auf grünen Auen / und führt mich zum Ruheplatz am Wasser.

Er stillt mein Verlangen; / er leitet mich auf rechten Pfaden, treu seinem Namen.

Muß ich auch wandern in finsterer Schlucht, / ich fürchte kein Unheil;

denn du bist bei mir, / dein Stock und dein Stab geben mir Zuversicht.

Du deckst mir den Tisch / vor den Augen meiner Feinde.

Du salbst mein Haupt mit Öl, / du füllst mir reichlich den Becher.

Lauter Güte und Huld werden mir folgen mein Leben lang, / und im Haus des Herrn darf ich wohnen für lange Zeit.

PSALM 23

Der Herr, König und Richter aller Welt

Singet dem Herrn ein neues Lied, / singt dem Herrn, alle Länder der Erde!

Singt dem Herrn und preist seinen Namen, / verkündet sein Heil von Tag zu Tag!

Erzählt bei den Völkern von seiner Herrlichkeit, / bei allen Nationen von seinen Wundern!

Denn groß ist der Herr und hoch zu preisen, / mehr zu fürchten als alle Götter.

Alle Götter der Heiden sind nichtig, / der Herr aber hat den Himmel geschaffen.

Hoheit und Pracht sind vor seinem Angesicht, / Macht und Glanz in seinem Heiligtum.

Bringt dar dem Herrn, ihr Stämme der Völker, / bringt dar dem Herrn Lob und Ehre!

Bringt dar dem Herrn die Ehre seines Namens, / spendet Opfergaben, und tretet ein in sein Heiligtum!

In heiligem Schmuck werft euch nieder vor dem Herrn, / erbebt vor ihm, alle Länder der Erde!

Verkündet bei den Völkern: / Der Herr ist König.

Den Erdkreis hat er gegründet, so daß er nicht wankt. / Er richtet die Nationen so, wie es recht ist.

Der Himmel freue sich, die Erde frohlocke, / es brause das Meer und alles, was es erfüllt.

Es jauchze die Flur und was auf ihr wächst. / Jubeln sollen alle Bäume des Waldes

vor dem Herrn, wenn er kommt, / wenn er kommt, um die Erde zu richten.

Er richtet den Erdkreis gerecht, / und die Nationen nach seiner Treue.

Psalm 96

Gott, die Quelle des Lebens

Der Frevler spricht: »Ich bin entschlossen zum Bösen.« / In seinen Augen gibt es kein Erschrecken vor Gott.

Er gefällt sich darin, / sich schuldig zu machen und zu hassen.

Die Worte seines Mundes sind Trug und Unheil; / er hat es aufgegeben, weise und gut zu handeln.

Unheil plant er auf seinem Lager, / er betritt schlimme Wege / und scheut nicht das Böse.

Herr, deine Güte reicht, so weit der Himmel ist, / deine Treue, so weit die Wolken ziehn.

Deine Gerechtigkeit steht wie die Berge Gottes, / deine Urteile sind tief wie das Meer.

Herr, du hilfst Menschen und Tieren, / Gott, wie köstlieh ist deine Huld!

Die Menschen bergen sich im Schatten deiner Flügel, / sie laben sich am Reichtum deines Hauses; / du tränkst sie mit dem Strom deiner Wonnen.

Denn bei dir ist die Quelle des Lebens, / in deinem Licht schauen wir das Licht.

Erhalte denen, die dich kennen, deine Huld / und deine Gerechtigkeit den Menschen mit redlichem Herzen!

Laß mich nicht kommen unter den Fuß der Stolzen; / die Hand der Frevler soll mich nicht vertreiben.

Dann brechen die Bösen zusammen, / sie werden niedergestoßen und können nie wieder aufstehn.

Psalm 36

Der Wächter Israels

Ich hebe meine Augen auf zu den Bergen: / Woher kommt mir Hilfe?

Meine Hilfe kommt vom Herrn, / der Himmel und Erde gemacht hat.

Er läßt deinen Fuß nicht wanken; / er, der dich behütet, schläft nicht.

Nein, der Hüter Israels / schläft und schlummert nicht.

Der Herr ist dein Hüter, der Herr gibt dir Schatten; / er steht dir zur Seite.

Bei Tag wird dir die Sonne nicht schaden / noch der Mond in der Nacht.

Der Herr behüte dich vor allem Bösen, / er behüte dein Leben.

Der Herr behüte dich, wenn du fortgehst und wiederkommst, / von nun an bis in Ewigkeit.

PSALM 121

Hoffnung in der Bedrängnis

Sie haben mich oft bedrängt von Jugend auf, /
– so soll Israel sagen –,

sie haben mich oft bedrängt von Jugend auf, / doch sie konnten mich nicht bezwingen.

Die Pflüger haben auf meinem Rücken gepflügt, / ihre langen Furchen gezogen.

Doch der Herr ist gerecht, / er hat die Stricke der Frevler zerhauen.

Beschämt sollen alle weichen, / alle, die Zion hassen.

Sie sollen wie das Gras auf den Dächern sein, / das verdorrt, noch bevor man es ausreißt.

Kein Schnitter kann seine Hand damit füllen, / kein Gartenbinder den Arm.

Keiner, der vorübergeht, wird sagen: »Der Segen des Herrn sei mit euch.« – / Wir aber segnen euch im Namen des Herrn.

PSALM 129

Der Frieden in Gott

Herr, mein Herz ist nicht stolz, / nicht hochmütig blicken meine Augen.

Ich gehe nicht um mit Dingen, / die mir zu wunderbar und zu hoch sind.

Ich ließ meine Seele ruhig werden und still; / wie ein kleines Kind bei der Mutter ist meine Seele still in mir.

Israel, harre auf den Herrn / von nun an bis in Ewigkeit!

PSALM 131

Heimweh nach dem Zion in der Verbannung

An den Strömen von Babel, / da saßen wir und weinten, / wenn wir an Zion dachten.

Wir hängten unsere Harfen / an die Weiden in jenem Land.

Dort verlangten von uns die Zwingherren Lieder, / unsere Peiniger forderten Jubel: / »Singt uns Lieder vom Zion!«

Wie könnten wir singen die Lieder des Herrn, / fern, auf fremder Erde?

Wenn ich dich je vergesse, Jerusalem, / dann soll mir die rechte Hand verdorren.

Die Zunge soll mir am Gaumen kleben, / wenn ich an dich nicht mehr denke, / wenn ich Jerusalem nicht zu meiner höchsten Freude erhebe.

Herr, vergiß den Söhnen Edoms nicht den Tag von Jerusalem; / sie sagten: »Reißt nieder, bis auf den Grund reißt es nieder!«

Tochter Babel, du Zerstörerin! / Wohl dem, der dir heimzahlt, was du uns getan hast!

Wohl dem, der deine Kinder packt / und sie am Felsen zerschmettert!

PSALM 137

Der Mensch vor dem allwissenden Gott

Herr, du hast mich erforscht und du kennst mich. / Ob ich sitze oder stehe, du weißt von mir. / Von fern erkennst du meine Gedanken.

Ob ich gehe oder ruhe, es ist dir bekannt; / du bist vertraut mit all meinen Wegen.

Noch liegt mir das Wort nicht auf der Zunge – / du, Herr, kennst es bereits.

Du umschließt mich von allen Seiten / und legst deine Hand auf mich.

Zu wunderbar ist für mich dieses Wissen, / zu hoch, ich kann es nicht begreifen.

Wohin könnte ich fliehen vor deinem Geist, / wohin mich vor deinem Angesicht flüchten?

Steige ich hinauf in den Himmel, so bist du dort; / bette ich mich in der Unterwelt, bist du zugegen.

Nehme ich die Flügel des Morgenrots / und lasse mich nieder am äußersten Meer,

auch dort wird deine Hand mich ergreifen / und deine Rechte mich fassen.

Würde ich sagen: »Finsternis soll mich bedecken, / statt Licht soll Nacht mich umgeben«, / auch die Finsternis wäre für dich nicht finster,

die Nacht würde leuchten wie der Tag, / die Finsternis wäre wie Licht.

Denn du hast mein Inneres geschaffen, / mich gewoben im Schoß meiner Mutter.

Ich danke dir, daß du mich so wunderbar gestaltet hast. / Ich weiß: Staunenswert sind deine Werke.

Als ich geformt wurde im Dunkeln, / kunstvoll gewirkt in den Tiefen der Erde, / waren meine Glieder dir nicht verborgen.

Deine Augen sahen, wie ich entstand, / in deinem Buch war schon alles verzeichnet;

meine Tage waren schon gebildet, / als noch keiner von ihnen da war.

Wie schwierig sind für mich, o Gott, deine Gedanken / wie gewaltig ist ihre Zahl!

Wollte ich sie zählen, es wären mehr als der Sand. / Käme ich bis zum Ende, wäre ich noch immer bei dir.

Wolltest du, Gott, doch den Frevler töten! / Ihr blutgierigen Menschen, laßt ab von mir!

Sie reden über dich voll Tücke / und mißbrauchen deinen Namen.

Soll ich die nicht hassen, Herr, die dich hassen, / die nicht verabscheuen, die sich gegen dich erheben?

Ich hasse sie mit glühendem Haß; / auch mir sind sie zu Feinden geworden.

Erforsche mich, Gott, und erkenne mein Herz, / prüfe mich, und erkenne mein Denken!

Sieh her, ob ich auf dem Weg bin, der dich kränkt, / und leite mich auf dem altbewährten Weg!

PSALM 139

Das große Halleluja

Halleluja!
Lobet Gott in seinem Heiligtum, / lobt ihn in seiner mächtigen Feste!
Lobt ihn für seine großen Taten, / lobt ihn in seiner gewaltigen Größe!
Lobt ihn mit dem Schall der Hörner, / lobt ihn mit Harfe und Zither!
Lobt ihn mit Pauken und Tanz, / lobt ihn mit Flöten und Saitenspiel!
Lobt ihn mit hellen Zimbeln, / lobt ihn mit klingenden Zimbeln!
Alles was atmet, / lobe den Herrn! Halleluja!

PSALM 150

Du hast uns den Frieden anvertraut

Schöpfung bewahren

alles hat seine stunde. für jedes geschehen unter dem himmel gibt es eine bestimmte zeit: eine zeit zum gebären und eine zeit zum sterben, eine zeit zum pflanzen und eine zeit zum abernten der pflanzen, eine zeit zum töten und eine zeit zum heilen, eine zeit zum niederreißen und eine zeit zum bauen, eine zeit zum weinen und eine zeit zum lachen, eine zeit für die klage und eine zeit für den tanz; eine zeit zum steinewerfen und eine zeit zum steinesammeln, eine zeit zum umarmen und eine zeit die umarmung zu lösen, eine zeit zum suchen und eine zeit zum verlieren, eine zeit zum behalten und eine zeit zum wegwerfen, eine zeit zum zerreißen und eine zeit zum zusammennähen, eine zeit zum schweigen und eine zeit zum reden, eine zeit zum lieben und eine zeit zum hassen, eine zeit für den krieg und eine zeit für den frieden

KOHELET 3,1–9

Ich bin der Meinung
es geht auch ohne Haß
und Mißtrauen.

Ich bin
da anderer Meinung
daß es eine Zeit
des Steinewerfens
geben *muß*
mit gestohlenen Steinen
aus dem Leben anderer
mit Ehen
untern Steinen begraben
mit Steinworten
wider den Nächsten.
Ich bin der Meinung
es geht
auch ohne Steinewerfen.

Sammelt die Kriege
den Haß und
die Steine ein. Es bleibt
noch genug zum Leben.

Ich bin
da anderer Meinung
daß es eine Zeit
des Krieges geben muß
eine Zeit voll
Blut Leichen Trümmer
eine Zeit voll Asche
verbrannter Erde Chaos.
Ich bin der Meinung
es geht auch ohne
Krieg und ohne Waffen.

Ich bin
da anderer Meinung
daß es eine Zeit
des Hasses geben muß
eine Zeit voll Mißtrauen
Hinterhältigkeit
mit Messer im Rücken

JÜRGEN SCHWARZ

Ist es wahr Herr, daß Du noch heute
gern die Gewässer betrachtest,
die Winde,
das Licht?
Trifft es zu, daß Du dir einen Sinn
bewahrt hast
für Vögel,
für Blumen,
für Kinder?
Wovon ich fest überzeugt bin,
ist, daß Du nicht minder gern
betrachtest,
was unablässig
aus den Händen des Menschen
hervorgeht,
mit dem Du
Deine Schöpferkraft teilst.

Dom Helder Camara

Das Gegenteil tun

Sie sagen:
Wir lieben die Tiere –
doch sie sperren sie ein.
Sie sagen:
Wir lieben die Pflanzen –
und pflücken sie.
Sie sagen:
Wir lieben die Menschen –
und töten sie.
Und nun zerstören sie
Tiere, Menschen und Pflanzen
durch das Atom.
Ich wünsche mir,
daß sie den Weg des Friedens
kennen;
aber das Unrecht ist auf ihren Pfaden.
Sie gehen auf krummen Wegen
und zerstören die Umwelt.

Petra, zwölf Jahre

Meine Verzweiflung

Herr,
es steht schlimm um uns:

Raketen in Ost und West,
Bauprojekte, die überflüssig sind,
vergiftete Flüsse überall.

Krieg im Großen,
Krieg im Kleinen,
in den Städten,
auf den Straßen,
in den Häusern,
zwischen Volk und Führung,
zwischen Mächtigen und Ohnmächtigen.

Und sie bauen weiter Waffen
und sie prügeln Demonstranten.
Und wenn ich dann verzweifle,
begreift das niemand.

Deine Schöpfung haucht bald ihr Leben aus,
wenn es so weitergeht.
Und darum bitte ich dich,
Herr,
gib mir Kraft, damit ich nicht verzweifle
und durch meine Verzweiflung neue Gewalt säe.

Gib uns den Frieden,
damit meine Kinder und Kindeskinder
auf dieser Welt auch noch leben können.

MATTHIAS, 16 JAHRE

Schönheit

Etwas schön finden
heißt ja wahrscheinlich vor allem:
Es finden.

ROBERT MUSIL

Psalm

Gott – wir zweifeln an deiner Gegenwart
die Pracht deiner Schöpfung verblaßt
weil wir sie ausbeuten
um reich zu sein
dabei werden wir ärmer

in der Unendlichkeit des Alls
irren unsere Satelliten umher
nicht vergleichbar
mit dem geheimnisvollen Glanz der Sterne

wir stehen im Begriff die Erde
auf der wir leben
durch die Kraft der Atome
aus der Bahn zu heben

nur in den Weiten des Nordens
rinnen noch Bäche
glasklar
wie zur Schöpfungszeit

doch auch dort ziehen die Tiere fort
sterben aus
weil wir die Stille des Raums
erfüllen mit Lärm

die Vögel unter dem Himmel
werden gejagt
aus Lust
am Töten

durch die Industrien
ist der Regen sauer
Fische sterben
und Tannen werden braun

die Wasser der Erde
versiegen langsam
und die Bäume
verdorren

das Gras wird verseucht
die Kühe auf den Wiesen
fallen um
Blei ist die Ursache

nur das Brot
mundet noch
doch der Wein
schmeckt nach Schwefel

unsere Gesichter
geformt nach deinem Antlitz
werden leer
Sorgen nehmen uns den Frohsinn

mangelnde Freuden verwirrende Vielfalt
Überforderung und fehlendes Lob
lassen Partnerschaften
zerbrechen

Selbst-Verwirklichung
ist das Stichwort
das DU der Bergpredigt
zerrinnt wie Sand

Gott

wenn wir die Größe deiner Werke
die du in Weisheit erschaffen
weiter zerstören
töten wir uns – deine Schöpfung

Gott
hilf uns

Helmut Arnold

Auf der Schwelle des Hauses

In den Dünen sitzen.
Nichts sehen als Sonne.
Nichts fühlen als Wärme.
Nichts hören als Brandung.
Zwischen zwei Herzschlägen glauben:
Nun ist Frieden.

Günter Kunert

Sonnengesang

Höchster, allmächtiger und guter Herr,
dein ist der Lobpreis,
die Herrlichkeit, die Ehre
und jeder Segen.
Dir allein, Höchster, kommen sie zu.
Kein Mensch ist würdig,
dich zu nennen.

Sei gelobt, mein Herr,
mit allen deinen Geschöpfen,
vor allem durch unsere Schwester, der hellen Sonne:
sie bringt den Tag und gibt das Licht.
Groß ist sie und strahlt im Glanz,
dein Gleichnis ist sie,
du Höchster.

Sei gelobt, mein Herr,
durch Bruder Mond und alle Gestirne:
im All hast du sie gebildet,
leuchtend, herrlich und schön.

Sei gelobt, mein Herr,
durch Bruder Wind,
die Lüfte und die Wolken,
den heiteren Himmel und jegliches Wetter.
Durch sie erhältst du deine Geschöpfe.

Sei gelobt, mein Herr,
durch die Schwester, das Wasser.
Leben spendet sie allen,
ist köstlich, klar und gering.

Sei gelobt, mein Herr,
durch Bruder Feuer,
durch den du erleuchtest die Nacht.
Fröhlich ist er und freundlich,
aber auch gewaltig und stark.

Sei gelobt, mein Herr,
durch unsere Schwester, Mutter Erde.
Sie nährt und trägt uns,
Frucht bringt sie, bunte Blumen und Kräuter.

Sei gelobt, mein Herr,
durch jene, die verzeihen in deiner Liebe
und Armut ertragen und Leid.
Heil denen, die dulden in Frieden.
Du, Höchster,
bist ihnen die Krone des Lebens.

Sei gelobt, mein Herr,
durch unsern Bruder, den leiblichen Tod.
Kein Lebender kann ihm entfliehen.
Unheil wird jenen, die sterben in Sünde.
Heil aber denen, die in deinem Willen leben,
denn der zweite Tod
kann ihnen nicht schaden.

Lobet und preiset den Herrn,
sagt ihm Dank
und dienet ihm
in großer Ehrfurcht.

Franz von Assisi

Lob des Schöpfers:

O großer Geist, dessen Stimme ich in den Winden vernehme und dessen Atem der ganzen Welt Atem spendet, höre mich!

Ich trete vor Dich hin als eines Deiner vielen Kinder. Ich bin klein und schwach. Ich bedarf Deiner Kraft und Weisheit. Laß mich in Schönheit wandeln und meine Augen immer den roten und purpurnen Sonnenuntergang schauen. Laß meine Hände die Dinge verehren, die Du gemacht hast, und meine Ohren die Stimme hören.

Schenke mir Weisheit, daß ich die Dinge, die Du mein Volk gelehrt hast, und die Lehre, dic Du in jedem Blatt und jedem Felsen verborgen hast, erkennen möge.

Nicht um meinen Brüdern überlegen zu sein, suche ich Kraft, sondern um meinen größten Feind bekämpfen zu können – mich selbst.

Mache mich immer bereit, mit reinen Händen und geradem Blick zu Dir zu kommen, damit mein Geist, wenn dereinst mein Leben verblaßt wie die untergehende Sonne, ohne Scham zu Dir kommen möge.

Gebet der Sioux

rückkehr aus dem universum

die stoßtrupps
der menschheit
zum mond haben
nichts anderes auf
die erde
gebracht als
totes gestein und
falben sand.
auch unsere
signalkörper
auf anderen planeten
sagen uns:
kein leben auf
anderen gestirnen,
keine flucht ins
universum möglich.
wir sollten uns
mehr auf unsere
erde
besinnen
und sie
als unsere einzige
besser
behandeln.

JOSEF REDING

anrufung seiner langmut

mit unserem
dreck
verschütten wir
die stadt
und machen
sie krank
mit unserem
gift
und auf
den haßfeldern
der kriege
machen und
sammeln
wir stapel
von leichen
und beim dreckmachen
und beim giftmachen
und beim leichenmachen
heben wir manchmal
den kopf
und sagen:
also hat gott
die welt gemacht!
und halten uns
für feinsinnige
spötter.
deine langmut
dauert an
und ist
schwer verständlich.
aber was wird
mit uns
wenn du den
ball wieder
nimmst
mit dem
wir so mies
gespielt
haben?

JOSEF REDING

Antischöpfung

Ölpest an schimmernden Küsten,
Sterben in Flüssen in Wäldern,
Tod auf den Straßen
und hinter verriegelten Türen
keimen in unseren Herzen.
Auch wir, ohne Macht und Geld,
laufen mit im tödlichen Spiel,
wenn der Erdball
aus seinen Bahnen gehoben,
vermarktet
und gegen den Himmel
geschleudert wird:
Antischöpfung
des ausgeraubten Planeten.

Im Anfang waren
der selbstverständliche Hebeldruck
am häuslichen Abfalleimer,
der unbedenkliche Griff
zum Insektenvernichtungsmittel,
das willenlose Schwimmen
im schillernden Strom Konsum.

Es folgten
die Abfallgebirge,
die giftigen Ströme,
die todesträchtigen
Sonnen und Wolken,
genährt
aus dem großen Abfall.
Und wir
sind dabei.

Christa Peikert-Flaspöhler

Lob des Mülleimers

Du bist unentbehrlich
für uns.
Was sollten wir ohne dich tun?
Vom frühen Morgen
bis in die späte Nacht
schluckst du alles,
womit wir dich füttern.
Nichts lehnst du ab!
Nichts ist dir zu viel!
Du nimmst ohne Regung
leere Flaschen,
Käserinden,
den trockengewordenen
Kuchenrest,
den angebissenen Apfel
an.
Du machst keinen Unterschied
zwischen
Kartoffelschalen,
Plastiktüten,
verschiedensten Brotabfällen.
Fragloser, ergebener
Diener!
Du öffnest sofort deinen Schlund,
wenn wir dich treten.
Die halbvolle Tüte
mit saurer Milch,
die stinkende Neige
in der Konservendose,
das schmierige Ende Wurst
schlingst du ebenso willig
wie faulende Blumenstengel,
verdorbenes Hundefutter,
Scherben.
Du redest nicht
von hungernden Kindern,
mahnst nicht zu Sorgfalt
und einfachem Leben.
Warum auch?
Es ist verdienstvoll
(zu schwach)
es ist lebensrettend,
die Abfälle aller Art
lautlos
verschwinden
zu lassen.

CHRISTA PEIKERT-FLASPÖHLER

Bei der Versicherungsgesellschaft
habe ich mich besonders für die
Versicherung von Händen interessiert.

Was ist der Wert –
von Künstlerhänden?
von Ärzte- und Pflegerinnenhänden?
von Athletenhänden?
von Schriftstellerhänden?

Was ist der Wert –
ja, das möchte ich wissen –
von Händen, die Almosen heischen,
und von solchen, die sie geben,
von Händen, die beten,
von Händen, die dich, Herr,
emporheben?

Dom Helder Camara

Dritte Welt

Gott schuf das Weltall
und darin die Erde.
Auf dem kleinen Planeten
schufen wir Abendländer
die erste, zweite und
Dritte Welt.
Die Dritten sind nicht
die Zweiten
und erst recht nicht
die Ersten.
Die Ersten sind wir.
Wir schufen die Dritte Welt
als Zertrümmerer
alter Kulturen,
wir schufen sie
mit Unterwerfung, Raubbau
und Menschenverachtung.
Jahrhundertelang
befrachteten wir
die Schiffe mit Beute,
verteilten fremdes Eigentum,
erzwangen abendländische Tünche.
Die Dritte Welt,
geplünderter Garten,
betäubte Wunde der Erde,
erwacht,
geschüttelt von Krämpfen,
um endlich zu leben.
Wir sind an der Reihe,
den ersten Platz
zu verlassen.

Christa Peikert-Flaspöhler

Traum vom Ende der Schöpfung

Am Anfang schuf Gott Himmel und Erde.
Aber erst nach vielen Jahrmillionen
hatten die Menschen endlich den Auftrag Gottes begriffen:
»Macht euch die Erde untertan!«
Und sie begannen immer mehr das zu werden,
wozu sie Gott von Anfang an geschaffen hatte:
sein Ebenbild.

Und so begannen die letzten sieben Jahre der Erde.
Am ersten Tag des ersten Jahres
wurde der Weltfrieden geschaffen.
Denn die Menschen beschlossen,
kein Geld mehr für Krieg und Vernichtungswaffen auszugeben.
Es gab einen vollkommenen Rüstungsstopp auf der ganzen Erde.
Und die Vernichtungswaffen wurden vernichtet.

Am ersten Tag des zweiten Jahres
wurde die Natur zum zweiten Mal geschaffen.
Die Menschen begannen nämlich mit dem Bau
der letzten Kläranlagen.
Die Umwelt wurde nicht mehr vergiftet.
Flüsse und Meere waren befreit von Müll und Chemikalien.
Fische und Meeresungeheuer tummelten sich wieder im Wasser,
ein jedes nach seiner Art.

Am ersten Tag des dritten Jahres
war es endlich auch eine Lust,
in der Stadt zu leben.
Denn die Menschen hatten das Problem der Luftverschmutzung gelöst.
Bleiwolken und Kohlendioxyddämpfe verschwanden.
Und über der Stadt ging strahlend die Sonne auf.

Am ersten Tag des vierten Jahres
gab es wieder natürliches Leben in der Stadt:
Pflanzen und Tiere.
Denn die Menschen hatten die letzte Grünanlage fertiggestellt.
Kein Wohnviertel ohne Blumen und Bäume,
und die Menschen wurden vom Vogelgezwitscher geweckt.
Und um die Städte wurden ganze Gürtel von Wiesen und Wäldern angelegt.
Niemand mehr mußte aus der Stadt flüchten.

Am ersten Tag des fünften Jahres
war es den Ärzten endlich gelungen,
die letzte Krankheit zu besiegen.
Das Durchschnittsalter war 120 Jahre geworden,
und die Menschen konnten
in körperlicher und geistiger Frische
ihre Lebensaufgabe erfüllen.

Am ersten Tag des sechsten Jahres
wurde die Sorge um die Seele
als öffentliche Aufgabe anerkannt.
Denn die Menschen erkannten,
daß der Mensch ohne die Zuneigung und Freundschaft
anderer Menschen
nicht wirklich leben kann.
Von nun an galt für sie:
Erst wenn wir für andere da sind, leben wir richtig!

Und so wurden die Hungersnöte abgeschafft,
die soziale und politische Unterdrückung, der Rassenhaß.
Jeder wußte nun,
daß die Liebe die Grundlage der menschlichen Gesellschaft ist.

Am ersten Tag des siebenten Jahres
war endlich Gottes Schöpfung vollendet.
Und die Menschen ruhten aus
von all dem, was sie im Auftrag Gottes getan hatten.
Und Gott wohnte mitten unter den Menschen,
und sie lobten und priesen ihn
und sangen ihm ihr Halleluja in Ewigkeit.

Inge Karner

Die Statuten des Menschen

Art. 1
Es wird erlassen, daß jetzt die Wahrheit zählt,
daß jetzt das Leben zählt
und daß wir alle Hand in Hand für das wahre Leben arbeiten.

Art. 2
Es wird erlassen, daß jeder Wochentag,
auch der Dienstag, der aschfarbenste,
das Recht hat, sich in einen Sonntagmorgen zu verwandeln.

Art. 3
Es wird erlassen, daß von nun an
in allen Fenstern Sonnenblumen stehen
und daß Sonnenblumen das Recht haben,
im Schatten aufzublühen;
und alle Fenster müssen den ganzen Tag
dem Grünen geöffnet bleiben, wo die Hoffnung wächst.

Art. 4
Es wird erlassen, daß der Mensch
niemals mehr am Menschen zu zweifeln braucht,
daß der Mensch dem Menschen vertraut,
wie die Palme dem Wind vertraut,
wie der Wind der Luft vertraut,
wie die Luft dem blauen Feld des Himmels vertraut.

Einziger Paragraph:
Der Mensch wird dem Menschen vertrauen,
wie ein Kind einem anderen Kind vertraut.

Art. 5
Es wird erlassen, daß die Menschen
frei vom Joch der Lüge sind.
Niemals wird es mehr vonnöten sein,
den Harnisch des Schweigens zu gebrauchen
noch die Rüstung der Wörter.
Der Mensch wird sich an den Tisch setzen
mit reinem Blick,
denn die Wahrheit wird vor dem Nachtisch serviert.

Art. 6
Für ein Jahrtausend wird das von dem
Propheten Jesaja erträumte Leben festgesetzt:
Der Wolf und das Lamm werden gemeinsam weiden,
und die Nahrung beider wird nach Morgenröte schmecken

Art. 7
Unwiderruflich wird die ewige Herrschaft
der Gerechtigkeit und des Lichtes erklärt;
und die Freude wird eine edle Fahne sein,
für immer gehißt im Herzen des Volkes.

Art. 8
Es wird erlassen, daß es der tiefste Schmerz
schon immer war und immer sein wird,
die Liebe nicht dem geben zu können, den man liebt,
und zu wissen, daß es das Wasser ist,
das der Pflanze das Wunder der Blume gibt.

Art. 9
Es wird erlaubt, daß das tägliche Brot
das Brandmal des Schweißes im Menschen trägt;
vor allem aber soll es immer den warmen Geschmack
der Zärtlichkeit haben.

Art. 10
Jedem Menschen wird es erlaubt,
sich in jeder Stunde seines Lebens
weiß zu kleiden.

Art. 11
Es wird erlassen, als Definition,
daß der Mensch ein Tier ist, das liebt,
und daß er dadurch schön ist,
viel schöner als der Morgenstern.

Art. 12
Es wird erlassen, daß nichts mehr erzwungen
noch untersagt sein wird.
Alles wird erlaubt sein,
vor allem mit dem Rhinozeros zu spielen
und am Nachmittag
mit einer riesengroßen Begonie im Knopfloch
spazierenzugehen.

Einziger Paragraph:
Nur eines wird verboten bleiben – zu lieben ohne Liebe.

Art. 13
Es wird erlassen, daß das Geld nie mehr
die Sonne des kommenden Morgens kaufen kann;
verbannt aus der großen Truhe der Angst,
wird es sich in ein brüderliches Schwert verwandeln,
um das Recht, zu singen,
und das Fest des geborenen Tages zu verteidigen.

Schlußbestimmung:
Der Gebrauch des Wortes Freiheit wird hiermit verboten;
dieses Wort wird überdies aus allen Wörterbüchern gestrichen
und aus dem trügerischen Morast der Münder.
Von nun an wird Freiheit
etwas Lebendiges und Durchsichtiges sein
wie das Feuer, der Fluß oder der Same des Weizens;
und ihre Wohnung wird immer
das Herz des Menschen sein.

Thiago de Mello

Der Autor schrieb dieses Gedicht 1964 nach der Machtübernahme der Militärs in Brasilien als Antwort auf 14 Punkte zur Erhaltung der öffentlichen Ordnung, die von der Regierung erlassen worden waren. Das Gedicht wurde sofort verboten.

Die letzten Tage der Schöpung

Am Anfang schuf Gott Himmel und Erde.

Aber nach vielen Jahrmillionen
war der Mensch endlich klug genug.
Er sprach: Wer redet hier von Gott?
Ich nehme meine Zukunft selbst in die Hand.

Er nahm sie,
und es begannen die letzten sieben Tage
der Erde.

Am Morgen des ersten Tages

beschloß der Mensch,
frei zu sein und gut, schön und glücklich.
Nicht mehr Ebenbild eines Gottes,
sondern ein Mensch.
Und weil er etwas glauben mußte,
glaubte er an die Freiheit
und an das Glück,
an Zahlen und Mengen,
an die Börse und an den Fortschritt,
an die Planung und seine Sicherheit.
Denn zu seiner Sicherheit
hatte er den Grund zu seinen Füßen gefüllt
mit Raketen und Atomsprengköpfen.

Am zweiten Tage

starben die Fische in den Industrieabwässern,
die Vögel am Pulver aus der chemischen Fabrik,

das den Raupen bestimmt war,
die Feldhasen an den Bleiwolken von der Straße,
die Schoßhunde an der schönen roten Farbe der Wurst,
die Heringe am Öl auf dem Meer
und an dem Müll auf dem Grund des Ozeans.
Denn der Müll war aktiv.

Am dritten Tage

verdorrte das Gras auf den Feldern
und das Laub an den Bäumen,
das Moos an den Felsen
und die Blumen in den Gärten.
Denn der Mensch machte das Wetter selbst
und verteilte den Regen nach genauem Plan.
Es war nur ein kleiner Fehler in dem Rechner,
der den Regen verteilte.
Als sie den Fehler fanden,
lagen die Lastkähne auf dem trockenen Grund
des schönen Rheins.

Am vierten Tage

gingen drei von vier
Milliarden Menschen zugrunde.
Die einen an Krankheiten,
die der Mensch gezüchtet hatte,
denn einer hatte vergessen,
die Behälter zu schließen,
die für den nächsten Krieg bereitstanden.
Und ihre Medikamente halfen nichts.
Die hatten zu lange schon wirken müssen
in Hautcremes und Schweinelendchen.
Die anderen starben am Hunger,
weil etliche von ihnen den Schlüssel
zu den Getreidesilos versteckt hatten.
Und sie fluchten Gott,
der ihnen doch das Glück schuldig war.
Er war doch der liebe Gott!

Am fünften Tage

drückten die letzten Menschen
den roten Knopf,
denn sie fühlten sich bedroht.
Feuer hüllte den Erdball ein,
die Berge brannten,
die Meere verbrannten,

und die Betonskelette in den Städten
standen schwarz und rauchten.
Und die Engel im Himmel sahen,
wie der blaue Planet rot wurde,
dann schmutzig braun und schließlich aschgrau.
Und sie unterbrachen ihren Gesang
für zehn Minuten.

Am sechsten Tage

ging das Licht aus.
Staub und Asche verhüllten die Sonne,
den Mond und die Sterne.
Und die letzte Küchenschabe,
die in einem Raketenbunker
überlebt hatte, ging zugrunde
an der übermäßigen Wärme,
die ihr gar nicht gut bekam.

Am siebenten Tage

war Ruhe.
Endlich.
Die Erde war wüst und leer,
und es war finster
über den Rissen und Spalten,
die in der trockenen Erdrinde
aufgesprungen waren.
Und der Geist des Menschen
irrlichterte als Totengespenst
über dem Chaos.
Tief unten, in der Hölle, aber
erzählte man sich die spannende
Geschichte von dem Menschen,
der seine Zukunft in die Hand nahm,
und das Gelächter dröhnte hinauf
bis zu den Chören der Engel.

Jörg Zink

Wir sind ein Teil der Erde

Im Jahre 1855 hielt der Häuptling Seattle vom Stamme der Duwamish-Indianer vor Franklin Pierce, dem 14. Präsidenten der Vereinigten Staaten von Amerika, folgende Rede – als Antwort auf das Angebot, das Land des Stammes weißen Siedlern zu überlassen und die Indianer in einem Reservat unterzubringen.

Der große Häuptling in Washington sendet Nachricht, daß er unser Land zu kaufen wünscht.
Der große Häuptling sendet uns auch Worte der Freundschaft und des guten Willens. Das ist freundlich von ihm, denn wir wissen, er bedarf unserer Freundschaft nicht.
Aber wir werden sein Angebot bedenken, denn wir wissen – wenn wir nicht verkaufen – kommt vielleicht der weiße Mann mit Gewehren und nimmt sich unser Land.
Wie kann man den Himmel kaufen oder verkaufen – oder die Wärme der Erde? Diese Vorstellung ist uns fremd. Wenn wir die Frische der Luft und das Glitzern des Wassers nicht besitzen – wie könnt Ihr sie von uns kaufen?
Wir werden unsere Entscheidung treffen.
Was Häuptling Seattle sagt, darauf kann sich der große Häuptling in Washington verlassen, so sicher wie sich unser weißer Bruder auf die Wiederkehr der Jahreszeiten verlassen kann. Meine Worte sind wie die Sterne, sie gehen nicht unter.
Jeder Teil dieser Erde ist meinem Volk heilig, jede glitzernde Tannennadel, jeder sandige Strand, jeder Nebel in den dunklen Wäldern, jede Lichtung, jedes summende Insekt ist heilig, in den Gedanken und Erfahrungen meines Volkes. Der Saft, der in den Bäumen steigt, trägt die Erinnerung des roten Mannes.
Die Toten der Weißen vergessen das Land ihrer Geburt, wenn sie fortgehen, um unter den Sternen zu wandeln.
Unsere Toten vergessen diese wunderbare Erde nie, denn sie ist des roten Mannes Mutter. Wir sind ein Teil der Erde, und sie ist ein Teil von uns. Die duftenden Blumen sind unsere Schwestern, die Rehe, das Pferd, der große Adler – sind unsere Brüder.
Die felsigen Höhen, die saftigen Wiesen, die Körperwärme des Ponys – und des Menschen – sie alle gehören zur selben Familie.
Wenn also der große Häuptling in Washington uns Nachricht sendet, daß er unser Land zu kaufen gedenkt – so verlangt er viel von uns.
Der große Häuptling teilt uns mit, daß er uns einen Platz gibt, wo wir angenehm und für uns leben können. Er wird unser Vater sein und wir seine Kinder. Aber kann das jemals sein? Gott liebt Euer Volk und hat seine roten Kinder verlassen. Er schickt Maschinen, um dem weißen Mann bei seiner Arbeit zu helfen, und baut große Dörfer für ihn. Er macht Euer Volk stärker, Tag für Tag. Bald werdet Ihr das Land überfluten wie Flüsse Schluchten hinabstürzen nach einem unerwarteten Regen. Mein Volk ist wie eine ebbende Gezeit –

aber ohne Wiederkehr. Nein, wir sind verschiedene Rassen. Unsere Kinder spielen nicht zusammen, und unsere Alten erzählen andere Geschichten. Gott ist Euch gut gesinnt, und wir sind Waisen. Wir werden Euer Angebot, unser Land zu kaufen, bedenken. Das wird nicht leicht sein, denn dieses Land ist uns heilig.

Wir erfreuen uns an diesen Wäldern. Ich weiß nicht – unsere Art ist anders als die Eure. Glänzendes Wasser, das sich in Bächen und Flüssen bewegt, ist nicht nur Wasser – sondern das Blut unserer Vorfahren. Wenn wir Euch das Land verkaufen, müßt Ihr wissen, daß es heilig ist und Eure Kinder lehren, daß es heilig ist und daß jede flüchtige Spiegelung im klaren Wasser der Seen von Ereignissen und Überlieferungen aus dem Leben meines Volkes erzählt. Das Murmeln des Wassers ist die Stimme meiner Vorväter. Die Flüsse sind unsere Brüder – sie stillen unseren Durst. Die Flüsse tragen unsere Kanus und nähren unsere Kinder.

Wenn wir unser Land verkaufen, so müßt Ihr Euch daran erinnern und Eure Kinder lehren: Die Flüsse sind unsere Brüder – und Eure –, und Ihr müßt von nun an den Flüssen Eure Güte geben, so wie jedem anderen Bruder auch. Der rote Mann zog sich immer zurück vor dem eindringenden weißen Mann – so wie der Frühnebel in den Bergen vor der Morgensonne weicht. Aber die Asche unserer Väter ist heilig, ihre Gräber sind geweihter Boden, und so sind diese Hügel, diese Bäume, dieser Teil der Erde uns geweiht. Wir wissen, daß der weiße Mann unsere Art nicht versteht. Ein Teil des Landes ist ihm gleich jedem anderen, denn er ist ein Fremder, der kommt in der Nacht und nimmt von der Erde, was immer er braucht. Die Erde ist sein Bruder nicht, sondern Feind, und wenn er sie erobert hat, schreitet er weiter. Er läßt die Gräber seiner Väter zurück – und kümmert sich nicht. Er stiehlt die Erde von seinen Kindern – und kümmert sich nicht. Seiner Väter Gräber und seiner Kinder Geburtsrecht sind vergessen. Er behandelt seine Mutter, die Erde, und seinen Bruder, den Himmel, wie Dinge zum Kaufen und Plündern, zum Verkaufen wie Schafe oder glänzende Perlen. Sein Hunger wird die Erde verschlingen und nichts zurücklassen als eine Wüste.

Ich weiß nicht – unsere Art ist anders als die Eure. Der Anblick Eurer Städte schmerzt die Augen des roten Mannes. Vielleicht, weil der rote Mann ein Wilder ist und nicht versteht.

Es gibt keine Stille in den Städten der Weißen. Keinen Ort, um das Entfalten der Blätter im Frühling zu hören oder das Summen der Insekten.

Aber vielleicht nur deshalb, weil ich ein Wilder bin und nicht verstehe. Das Geklappere scheint unsere Ohren nur zu beleidigen. Was gibt es schon im Leben, wenn man nicht den einsamen Schrei des Ziegenmelkervogels hören kann oder das Gestreite der Frösche am Teich bei Nacht? Ich bin ein roter Mann und verstehe das nicht. Der Indianer mag das sanfte Geräusch des Windes, der über eine Teichfläche streicht – und den Geruch des Windes, gereinigt vom Mittagsregen oder schwer vom Duft der Kiefern. Die Luft ist kostbar für den roten Mann – denn alle Dinge teilen denselben Atem – das Tier, der Baum, der Mensch – sie alle teilen denselben Atem. Der weiße Mann scheint die Luft, die er atmet, nicht zu bemerken; wie ein Mann, der seit vielen Tagen stirbt, ist er abgestumpft gegen den Gestank. Aber wenn wir Euch unser Land verkaufen, dürft Ihr nicht vergessen, daß die Luft uns kostbar ist – daß die Luft ihren Geist teilt mit all dem Leben, das sie enthält. Der Wind gab unseren Vätern den ersten Atem und empfängt ihren letzten. Und der Wind muß auch unseren Kindern den Lebensgeist geben. Und wenn wir Euch unser Land verkaufen, so müßt Ihr es als ein besonderes und geweihtes schätzen, als einen Ort, wo auch der weiße Mann spürt, daß der Wind süß duftet von den Wiesenblumen.

Das Ansinnen, unser Land zu kaufen, werden wir bedenken, und wenn wir uns entschließen anzunehmen, so nur unter einer Bedingung. Der weiße Mann muß die Tiere des Landes behandeln wie seine Brüder. Ich bin ein Wilder und verstehe es nicht anders. Ich habe tausend verrottende Büffel gesehen, vom weißen Mann zurückgelassen – erschossen aus einem vorüberfahrenden Zug. Ich bin ein Wilder und kann nicht verstehen, wie das qualmende Eisenpferd wichtiger sein soll als der Büffel, den wir nur töten, um am Leben zu bleiben. Was ist der Mensch ohne die Tiere? Wären alle Tiere fort, so stürbe der Mensch an großer Einsamkeit des Geistes. Was immer den Tieren geschieht – geschieht bald auch den Menschen. Alle Dinge sind miteinander verbunden. Was die Erde befällt, befällt auch die Söhne der Erde. Ihr müßt Eure Kinder lehren, daß der Boden unter ihren Füßen die Asche unserer Großväter ist. Damit sie das Land achten, erzählt ihnen, daß die Erde erfüllt ist von den Seelen unserer Vorfahren.

Lehrt Eure Kinder, was wir unsere Kinder lehren: Die Erde ist unsere Mutter. Was die Erde befällt, befällt auch die Söhne der Erde. Wenn Menschen auf die Erde spucken, bespeien sie sich selbst. Denn das wissen wir, die Erde gehört nicht den Menschen, der Mensch gehört zur Erde – das wissen wir. Alles ist miteinander verbunden, wie das Blut, das eine Familie vereint. Alles ist verbunden. Was die Erde befällt, befällt auch die Söhne der Erde. Der Mensch schuf nicht das Gewebe des Lebens, er ist darin nur eine Faser. Was immer Ihr dem Gewebe antut, das tut Ihr Euch selber an.

Nein, Tag und Nacht können nicht zusammenleben.

Unsere Toten leben fort in den süßen Flüssen der Erde, kehren wieder mit des Frühlings leisem Schritt, und es ist ihre Seele im Wind, der die Oberfläche der Teiche kräuselt.

Das Ansinnen des weißen Mannes, unser Land zu kaufen, werden wir bedenken. Aber mein Volk fragt, was denn will der weiße Mann? Wie kann man den Himmel oder die Wärme der Erde kaufen – oder die Schnelligkeit der Antilope? Wie können wir Euch diese Dinge verkaufen – und wie könnt Ihr sie kaufen? Könnt Ihr denn mit der Erde tun, was Ihr wollt – nur weil der rote Mann ein Stück Papier unterzeichnet – und es dem weißen Manne gibt? Wenn wir nicht die Frische der Luft und das Glitzern des Wassers besitzen – wie könnt

Ihr sie von uns kaufen? Könnt Ihr die Büffel zurückkaufen, wenn der letzte getötet ist?
Wir werden Euer Angebot bedenken. Wir wissen, wenn wir nicht verkaufen, kommt wahrscheinlich der weiße Mann mit Waffen und nimmt sich unser Land. Aber wir sind Wilde. Der weiße Mann, vorübergehend im Besitz der Macht, glaubt, er sei schon Gott – dem die Erde gehört.
Wie kann ein Mensch seine Mutter besitzen?
Wir werden Euer Angebot, unser Land zu kaufen, bedenken. Tag und Nacht können nicht zusammenleben – wir werden Euer Angebot bedenken, in das Reservat zu gehen. Wir werden abseits und in Frieden leben. Es ist unwichtig, wo wir den Rest unserer Tage verbringen. Unsere Kinder sahen ihre Väter gedemütigt und besiegt. Unsere Krieger wurden beschämt. Nach Niederlagen verbringen sie ihre Tage müßig – vergiften ihren Körper mit süßer Speise und starkem Trunk.
Es ist unwichtig, wo wir den Rest unserer Tage verbringen. Es sind nicht mehr viele. Noch wenige Stunden, ein paar Winter – und kein Kind der großen Stämme, die einst in diesem Land lebten oder jetzt in kleinen Gruppen durch die Wälder streifen, wird mehr übrig sein, um an den Gräbern eines Volkes zu trauern – das einst so stark und voller Hoffnung war wie das Eure. Aber warum soll ich trauern über den Untergang meines Volkes. Völker bestehen aus Menschen – nichts anderem. Menschen kommen und gehen wie die Wellen im Meer.
Selbst der weiße Mann, dessen Gott mit ihm wandelt und redet, wie Freund zu Freund, kann der gemeinsamen Bestimmung nicht entgehen. Vielleicht sind wir doch – Brüder. Wir werden sehen. Eines wissen wir, was der weiße Mann vielleicht eines Tages erst entdeckt – unser Gott ist derselbe Gott.
Ihr denkt vielleicht, daß Ihr ihn besitzt – so wie Ihr unser Land zu besitzen trachtet – aber das könnt Ihr nicht. Er ist der Gott der Menschen – gleichermaßen der Roten und der Weißen. Dieses Land ist ihm wertvoll – und die Erde verletzen heißt ihren Schöpfer verachten. Auch die Weißen werden vergehen, eher vielleicht als alle anderen Stämme. Fahret fort, Euer Bett zu verseuchen, und eines Nachts werdet Ihr im eigenen Abfall ersticken. Aber in Eurem Untergang werdet Ihr hell strahlen – angefeuert von der Stärke des Gottes, der Euch in dieses Land brachte – und Euch bestimmte, über dieses Land und den roten Mann zu herrschen. Diese Bestimmung ist uns ein Rätsel. Wenn die Büffel alle geschlachtet sind – die wilden Pferde gezähmt – die heimlichen Winkel des Waldes, schwer vom Geruch vieler Menschen – und der Anblick reifer Hügel geschändet von redenden Drähten – wo ist das Dickicht – fort, wo der Adler – fort,
und was bedeutet es, Lebewohl zu sagen, dem schnellen Pony und der Jagd:
Das Ende des Lebens – und den Beginn des Überlebens.
Gott gab Euch Herrschaft über die Tiere, die Wälder und den roten Mann, aus einem besonderen Grund – doch dieser Grund ist uns ein Rätsel. Vielleicht könnten wir es verstehen, wenn wir wüßten, wovon der weiße Mann

träumt – welche Hoffnungen er seinen Kindern an langen Winterabenden schildert – und welche Visionen er in ihre Vorstellungen brennt, so daß sie sich nach einem Morgen sehnen. Aber wir sind Wilde – die Träume des weißen Mannes sind uns verborgen. Und weil sie uns verborgen sind, werden wir unsere eigenen Wege gehen. Denn vor allem schätzen wir das Recht eines jeden Menschen, so zu leben, wie er selber es wünscht – gleich wie verschieden von seinen Brüdern er ist.

Das ist nicht viel, was uns verbindet.

Wir werden Euer Angebot bedenken. Wenn wir zustimmen, so nur, um das Reservat zu sichern, das Ihr versprochen habt. Dort vielleicht können wir unsere kurzen Tage auf unsere Weise verbringen.

Wenn der letzte rote Mann von dieser Erde gewichen ist und sein Gedächtnis nur noch der Schatten einer Wolke über der Prärie, wird immer noch der Geist meiner Väter in diesen Ufern und diesen Wäldern lebendig sein. Denn sie liebten diese Erde, wie das Neugeborene den Herzschlag seiner Mutter. Wenn wir Euch unser Land verkaufen, liebt es, so wie wir es liebten, kümmert Euch, so wie wir uns kümmerten, behaltet die Erinnerung an das Land, so wie es ist, wenn Ihr es nehmt. Und mit all Eurer Stärke, Eurem Geist, Eurem Herzen, erhaltet es für Eure Kinder und liebt es – so wie Gott uns alle liebt.

Denn eines wissen wir – unser Gott ist derselbe Gott. Diese Erde ist ihm heilig. Selbst der weiße Mann kann der gemeinsamen Bestimmung nicht entgehen. Vielleicht sind wir doch – Brüder. Wir werden sehen.

Du Schöpfer dieser Welt.
Wir leben von deiner Güte und Weisheit.

Die Welt gehört nicht uns, sie gehört dir.
Unsere Wissenschaft geht deinen Gedanken nach.
Unsere Technik verläßt sich auf deine Gesetze.
Unsere Wirtschaft lebt von deinen Gütern.
Unsere Politik ist dir verantwortlich.
Wir danken dir für Geist und Kraft der Menschen,
denn Geist und Kraft sind von dir.

Du hast uns den Frieden anvertraut,
die Freude und das Glück aller Menschen.
Wir bitten dich für jeden Menschen auf dieser Erde,
dessen Frieden und Glück in Gefahr sind.

Du hast auch mich glücklich gemacht.
Ich danke für den geliebten Menschen,
den du mir gegeben hast,
der mich liebt und zu mir steht,
der meine Last mit mir trägt und meine Gedanken teilt,
der mich tröstet und mit mir glücklich ist
und mit mir zusammen den Frieden sucht.
Wir bitten dich, bewahre uns den Frieden
und bewahre uns davor,
den Frieden anderer zu gefährden:
den Frieden unserer Kinder, Freunde und Nachbarn
und aller, denen wir begegnen.

Gott, uns Menschen ist viel Macht gegeben.
Was deine Weisheit geschaffen hat,
ist uns unweisen Menschen anvertraut.
Was du gegeben hast, damit wir leben können,
ist Gefahr geworden für unser aller Leben.
Wir möchten dir danken für deine Welt.
Wir möchten einander schützen vor Gewalt und Haß.
Wir möchten deine Gaben behüten:
die Menschen und ihr Glück.
Wir bitten dich, Schöpfer dieser Welt,
hilf uns und gib Gelingen.

Jörg Zink

Die Erschaffung der Welt:

Im Anfang schuf Gott Himmel und Erde; die Erde aber war wüst und wirr, Finsternis lag über der Urflut, und Gottes Geist schwebte über dem Wasser.

Gott sprach: Es werde Licht. Und es wurde Licht. Gott sah, daß das Licht gut war. Gott schied das Licht von der Finsternis, und Gott nannte das Licht Tag, und die Finsternis nannte er Nacht. Es wurde Abend, und es wurde Morgen: erster Tag.

Dann sprach Gott: Ein Gewölbe entstehe mitten im Wasser und scheide Wasser von Wasser. Gott machte also das Gewölbe und schied das Wasser unterhalb des Gewölbes vom Wasser oberhalb des Gewölbes. So geschah es, und Gott nannte das Gewölbe Himmel. Es wurde Abend, und es wurde Morgen: zweiter Tag.

Dann sprach Gott: Das Wasser unterhalb des Himmels sammle sich an einem Ort, damit das Trockene sichtbar werde. So geschah es. Das Trockene nannte Gott Land, und das angesammelte Wasser nannte er Meer. Gott sah, daß es gut war. Dann sprach Gott: Das Land lasse junges Grün wachsen, alle Arten von Pflanzen, die Samen tragen, und von Bäumen, die auf der Erde Früchte bringen mit ihrem Samen darin. So geschah es. Das Land brachte junges Grün hervor, alle Arten von Pflanzen, die Samen tragen, alle Arten von Bäumen, die Früchte bringen mit ihrem Samen darin. Gott sah, daß es gut war. Es wurde Abend, und es wurde Morgen: dritter Tag.

Dann sprach Gott: Lichter sollen am Himmelsgewölbe sein, um Tag und Nacht zu scheiden. Sie sollen Zeichen sein und zur Bestimmung von Festzeiten, von Tagen und Jahren dienen; sie sollen Lichter am Himmelsgewölbe sein, die über die Erde hin leuchten. So geschah es. Gott machte die beiden großen Lichter, das größere, das über den Tag herrscht, das kleinere, das über die Nacht herrscht, auch die Sterne. Gott setzte die Lichter an das Himmelsgewölbe, damit sie über die Erde hin leuchten, über Tag und Nacht herrschen und das Licht von der Finsternis scheiden. Gott sah, daß es gut war. Es wurde Abend, und es wurde Morgen: vierter Tag.

Dann sprach Gott: Das Wasser wimmle von lebendigen Wesen, und Vögel sollen über dem Land am Himmelsgewölbe dahinfliegen. Gott schuf alle Arten von großen Seetieren und anderen Lebewesen, von denen das Wasser wimmelt, und alle Arten von gefiederten Vögeln. Gott sah, daß es gut war. Gott segnete sie und sprach: Seid fruchtbar, und vermehrt euch, und bevölkert das Wasser im Meer, und die Vögel sollen sich auf dem Land vermehren. Es wurde Abend, und es wurde Morgen: fünfter Tag.

Dann sprach Gott: Das Land bringe alle Arten von lebendigen Wesen hervor, von Vieh, von Kriechtieren und von Tieren des Feldes. So geschah es. Gott machte alle Arten von Tieren des Feldes, alle Arten von Vieh und alle Arten von Kriechtieren auf dem Erdboden. Gott sah, daß es gut war. Dann sprach Gott: Laßt uns Menschen machen als unser Abbild, uns ähnlich. Sie sollen herrschen über die Fische des Meeres, über die Vögel des Himmels, über das Vieh, über die ganze Erde und über alle Kriechtiere auf dem Land.

Gott schuf also den Menschen als sein Abbild; als Abbild Gottes schuf er ihn. Als Mann und Frau schuf er sie. Gott segnete sie, und Gott sprach zu ihnen: Seid fruchtbar, und vermehrt euch, bevölkert die Erde, unterwerft sie euch, und herrscht über die Fische des Meeres, über die Vögel des Himmels und über alle Tiere, die sich auf dem Land regen. Dann sprach Gott: Hiermit übergebe ich euch alle Pflanzen auf der ganzen Erde, die Samen tragen, und alle Bäume mit samenhaltigen Früchten. Euch sollen sie zur Nahrung dienen. Allen Tieren des Feldes, allen Vögeln des Himmels und allem, was sich auf der Erde regt, was Lebensatem in sich hat, gebe ich alle grünen Pflanzen zur Nahrung. So geschah es. Gott sah alles an, was er gemacht hatte: Es war sehr gut. Es wurde Abend, und es wurde Morgen: der sechste Tag.

So wurden Himmel und Erde vollendet und ihr ganzes Gefüge. Am siebten Tag vollendete Gott das Werk, das er geschaffen hatte, und er ruhte am siebten Tag, nachdem er sein ganzes Werk vollbracht hatte. Und Gott segnete den siebten Tag und erklärte ihn für heilig; denn an ihm ruhte Gott, nachdem er das ganze Werk der Schöpfung vollendet hatte.

Das ist die Entstehungsgeschichte von Himmel und Erde, als sie erschaffen wurden.

Genesis 1 und 2

Gott spielt nicht mehr mit!

Frieden schaffen

Die Seligpreisungen:

Er sagte:

Selig, die arm sind vor Gott; / denn ihnen gehört das Himmelreich.

Selig die Trauernden; / denn sie werden getröstet werden.

Selig, die keine Gewalt anwenden; / denn sie werden das Land erben.

Selig, die hungern und dürsten nach der Gerechtigkeit; / denn sie werden satt werden.

Selig die Barmherzigen; / denn sie werden Erbarmen finden.

Selig, die ein reines Herz haben; / denn sie werden Gott schauen.

Selig, die Frieden stiften; / denn sie werden Söhne Gottes genannt werden.

Selig, die um der Gerechtigkeit willen verfolgt werden; / denn ihnen gehört das Himmelreich.

Selig seid ihr, wenn ihr um meinetwillen beschimpft und verfolgt und auf alle mögliche Weise verleumdet werdet. Freut euch und jubelt: Euer Lohn im Himmel wird groß sein. Denn so wurden schon vor euch die Propheten verfolgt.

MATTHÄUS 5,3–12

»Selig die Friedensstifter...«

Herr, hilf mir,
daß ich vom Frieden nicht nur rede.
Hilf mir, daß ich Frieden stifte,
wo er fehlt,
und ihn erhalte,
wo er in Gefahr ist.
Hilf mir,
meine Kraft im Entwicklungsdienst einzusetzen
zum Aufbau des Friedens in der Welt.
Laß mich Zeuge sein für dein Wort:
»Selig die Friedensstifter,
denn sie werden Kinder Gottes heißen.«

Gottes Ohnmacht hat einen Namen Psalm 2

Der Herr und sein Gesalbter

Warum wird Krieg geführt in Vietnam,
warum verhängt das reichste Land unserer Erde
eine Wirtschaftsblockade über Kuba?
Warum freut man sich so an der Macht,
warum einigen sich Großmächte leicht auf dem Rücken der Kleinen,
die sie unterdrücken?
Ein Weltgewissen erkennen wir nicht an,
was Gerechtigkeit ist, haben wir zu bestimmen.
Menschenrechte zählen, wenn sie unserer Politik nützen,
wir lassen uns doch nicht die Hände binden mit einem Stück Papier,
und wenn es auch »Bibel« heißt.
Das ist die Realität unserer Welt,
brutaler Gewalt hat Gott nur Ohnmacht entgegenzusetzen.
Gottes Ohnmacht hat einen Namen: Jesus von Nazareth.
Doch mitten in aller Gewalt weckt dieser Name Hoffnung:

Selig, die behutsam und freundlich sind,
ihnen wird diese Erde gehören.
Selig, die sich selbst nicht so wichtig nehmen,
sie haben den längeren Atem.
Selig, die bereit sind zu selbstlosem Dienst,
es wird sich erweisen, daß sie mehr zustande bringen als die,
die sich von allen Seiten bedienen lassen.
Selig, die auf der Seite der Schwächeren stehen,
sie werden nicht erst in einem fernen Jenseits
die wirklich Starken sein.
Wahres Glück finden und schaffen nur die,
die der Realität der Gewalt die Utopie
der göttlichen Ohnmacht entgegenstellen.
Der Christus im Elend, selbst ein Gescheiterter, ist mit uns.

Diethard Zils

Das wird ein Fest sein,

wenn sie
Pflugscharen
aus allen Waffen
machen
und
die Hungernden
satt werden
die Waffengeschäfte
und
der Streß
auslaufen
die Kinder
den Frieden lernen
und die
Kasernen
zu Hotels
umgebaut werden
wenn der
Leistungsdruck
der Kriegsmaschinerie
die Völker
nicht mehr foltert
und einer
den anderen
achtet und ehrt
und keiner
den anderen
wegen des Geldes
aus Neid
umbringen muß
wenn die
Schwerindustrie
nicht mehr
die Luft verpestet
und die Wasser
wieder
kristallklar
fließen
der Wein nicht mehr
bitter schmeckt
und die Drogen
nicht mehr die
Angst
verdrängen müssen
wenn sie
die Uniformen
an den Nagel
hängen
statt der Menschen
wenn es keine
Millionäre
und keine
Verhungernden
mehr gibt
wenn nicht mehr
zurückgeschossen wird
und sie
miteinander
reden
die Versöhnung
wächst
und alte Feindbilder
abgebaut werden
zwischen
Ost und West
Schwarz und Weiß
wenn das Öl
nicht mehr
von der Rüstung
verschlungen wird
und die Mütter
wieder mit Freuden
ihre Kinder gebären.

Dann werden wir
frei sein und
in Frieden leben
wir werden sein
wie die Träumenden
wenn wir erkannt haben
was zu unserem
Frieden dient.

CHARLOTTE SCHMITTHENNER

Sie schicken sich an,
um den Frieden zu handeln.
Möge es ihnen gelingen!
Doch wie ihr Friede
auch immer genannt werden mag,
sein Name wird nicht Schalom sein.
Lest in den Augen der Unterhändler,
analysiert ihre Worte.
Ihr findet in ihnen
nur die eigenen Interessen.

Vielleicht werden die Waffen
zur Ruhe kommen.
Vielleicht werden sie sich arrangieren.
Der Druck ihrer großen Gönner
und ihre Ratlosigkeit
mag sie bestimmen,
den Kompromiß Frieden zu nennen.

Der wahre Friede
hat andere Züge.
Er läßt die Interessen der anderen
zu eigenen werden
und läßt sich von dem bestimmen,
der für die starb,
durch die er gerichtet wurde.

Herbert Reich

Du, Herr, bist die Freude in meinem Leben

In den Tagen der Angst und der Einsamkeit,
bei schwierigen Übergängen und in Bedrängnis,
gibst du, Herr, mir Stärke.

Im Kampf für Wahrheit und Gerechtigkeit,
im Einsatz und in der Enttäuschung,
machst du, Herr, mich gewiß.

Wenn ich traurig bin oder wenn ich lache,
bei den alltäglichen Dingen und bei der Arbeit,
bist du, Herr, mein Begleiter.

Immer bist du, Herr,
die Freude in meinem Leben
und der Friede auf meinem Weg.

Brasilien

Gott spielt nicht mehr mit Psalm 10

Hilferuf gegen gewalttätige Menschen

Warum, Herr, spielst du nicht mehr mit?
Du stehst abseits, und es sieht so aus,
als wenn du die Welt wie einen Wecker aufgezogen hättest
und sie nur noch ablaufen läßt.
Du hast die Menschen den Menschen überlassen.
Die Regierungen rechnen nicht mehr mit dir –
und die Regierten hahen dich anscheinend vergessen.

Der Gottlose lebt nach seinem eigenen Konzept.
Du redest ihm nicht dazwischen.
Dein Wille ist bei ihm nicht aktuell.
Er klügelt sich immer neue Tricks aus,
die Menschen auszubeuten mit direkten und indirekten Steuern.
Im Munde führt er schöne Reden,
doch unter seiner Zunge sind Falschheit und Lüge,
seine Reden gleichen ungedeckten Schecks.
Er denkt: Gott kann sich in meine Angelegenheiten
sowieso nicht einmischen und betet
»Mein Wille geschehe«, koste es, was es wolle.

O Herr, steh nicht mehr abseits
und spiel wieder mit.
Du bist der einzige,
der sich ein klares Bild unserer Lage machen kann.
Du hast die Übersicht – teile sie den Einsichtigen mit.
Dann wird es keine Gottlosen
und keine Ausbeuter mehr geben.
Die Menschen vollenden deinen Willen:
Die Geduldigen werden geachtet.
Die Waisenkinder finden neue Väter und liebevolle Mütter.
Die Unterdrückten richten sich wieder auf
und können ohne Schrecken leben.
Gott spielt wieder mit.

Uwe Seidel

In deiner Hand

Der du unser Schicksal
nicht in die Sterne geschrieben hast,
sondern in deine Hand,
die Namen all dieser unbekannten,
undurchdringlichen, zufälligen,
ewigen Menschen, die wir sind,
geschrieben in die Flächen deiner Hände.

Der du uns
mit einem Herzen, einem Willen
und einem Verstand
geschaffen hast; und der uns
gegen alles scheinbare Verhängnis
bei unserem Herzen, bei unserem Willen,
bei unserem Namen ruft,
um Sterbliche zu sein auf dieser Erde.

Der du uns gemacht hast
so brüchig, wie wir sind,
um dein einziges Bild zu sein:
Wir, Fremdlinge füreinander,
Waisen und Witwen füreinander,
einander Feinde, Liebhaber, Nächste.

Der du unausweichlich nahe kommst,
offenbar bist
in uns hier und jetzt.

Lenk unser Herz auf Recht und Liebe,
öffne unseren Verstand
für die Vision des Friedens,
die uns ruft
seit Menschengedenken.

Erfüll uns mit der Hoffnung,
daß wir geboren sind,
um Friede und Gerechtigkeit zu sein
auf dieser Erde.

Huub Oosterhuis

Gönn uns den Traum

O Gott, o ewig Unsichtbarer,
unser lieber Herr.

Wenn Recht und Friede deine Namen sind,
wie oft wird dann nicht dein Name
verflucht, geleugnet,
hier und überall auf Erden.

Wenn im Himmel und auf Erden
kein anderes Bild von dir zu finden ist,
als ein Mensch, wir Menschen,
wie oft wird dann nicht dein Bild verspottet,
zertrümmert überall auf Erden.

Ewig Unsichtbarer, unser lieber Herr.

Wenn dieser Krieg der letzte wäre,
der auf Erden geführt wird,
das bittere Ende aller Gewalt,
dann würden wir aufleben,
wie enttäuscht auch immer,
und wieder zu glauben wagen,
daß deine Verheißung, deine Zukunft
kein Hirngespinst ist.

Gönn uns einen Tag, eine Stunde lang,
den Fakten ins Gesicht zu hoffen,
daß Friede nicht undenkbar,
nicht unmöglich ist.

Gönn uns heute in dieser Stunde,
inmitten aller Waffentaten
und Kriegsgewalt
die Vision des Friedens.
Wenn wir den Namen dessen aussprechen,
der dein Sohn genannt wird,
dein Friedens-Bote, Jesus von Nazareth,

wenn wir daran denken, daß er
den einzigen Weg gegangen ist,
der zum Frieden führt,
daß er sich selbst gegeben hat,
gebrochen, ausgeteilt,
als Brot, für jeden Menschen,

gönn uns zu glauben, daß er
kein Hirngespinst und nicht erlogen ist,
daß er der Mensch ist, der zu sein wir trachten,
daß er der Friede ist, den wir erwarten –
gönn uns den Traum von einem Menschen.

O Gott, o ewig Unsichtbarer,
unser lieber Herr.

Wenn uns gesagt wird, daß der Friede kommt:
laß das nicht Lüge sein, keinen politischen Trick,
nicht kurzatmig, vergebliche Freude,
laß es beständig sein.

Um so vieler Millionen Toter willen,
um aller Menschenkinder willen,
laß es beständig sein.

HUUB OOSTERHUIS

Eines Tages

Eines Tages im Frühling in einer Stadt,
da werden die Kinder aufstehen,
fordernd, daß wir sie den Frieden lehren.
Und es wird noch nicht zu spät sein.

Dann wird dem Soldaten das Gewehr aus der Hand fallen.
Sein Kamerad wird die verhängnisvollen Pläne ausradieren
und Papierschwalben basteln.
Der Chef der Panzerfabrik wird von seinem Schreibtisch aufstehen
und als Schlafwandler ins Sanatorium gehen.
Den alten Nazis wird das »Heil« im Halse steckenbleiben.
Die jungen Nazis werden dann nicht mehr wissen,
was ihre Väter damals riefen.

So wird es sein,
eines Tages im Frühling an jedem Ort.
Wenn die Kinder aufstehen
und laut nach ihrer Erde rufen.

Der Prophet wird von seinem Berg herabsteigen,
auf den er vor Zeiten gegangen war,
um den Blitz von ferne zu sehen.
Er wird die Kinder seiner eigenen Stadt unterrichten.
Sie werden auf der Straße tanzen
und Meister Jakob singen.
Die Alten werden auf Bänken sitzen
und alles, aber auch wirklich alles erzählen.
Beginnen werden sie bei Deiner Geschichte mit Noah.

Mein Gott, Du machst mir Mut, daran zu glauben.
Denn als Dir Noah nach der Flut ein Opfer brachte,
hast Du beschlossen, daß das Leben nicht aufhören soll,
solange die Erde besteht.

UDO KILIMANN

Alphabet des Friedens

Achtung und Arbeit
Äcker und Abrüstung

Brüderlichkeit und Brot
Brunnen und Blumen
Betlehem

Caritas
Christus

Dienen und danken

Ehrfurcht und Einigung
Entschlußkraft, Erfüllung
Evangelium

Freiheit und Freude
Freundschaft und Feste

Gerechtigkeit und Geduld
Güte und Großmut
Gastfreundschaft und Gemeinschaft

Hilfsbereitschaft und Hoffnung
Herz und Hände
Heimat

Innerlichkeit
Ideen

Jawort
Jetzt
Jeder

Kinderlachen und Kornfelder
Kommunikation, Konsequenz

Liebe
Lernbereitschaft, Langmut

Menschenwürde, Meinungsfreiheit
Mütter
Mut

Nächstenliebe

Offenheit, Ölzweig

Partnerschaft und Phantasie

Quellen

Reis und Rosen

Saaten und Spielplätze
Solidarität

Teilen

Umkehr

Vergehung und Verständnis
Versöhnung und Vertrauen
Verantwortung

Wege
Weinberge und Wiegenlieder
Wahrheit

Zuneigung, Zärtlichkeit

CHRISTA PEIKERT-FLASPÖHLER

Friedensglasur

Man nehme:

MachtistRecht-Generale
BefehlistBefehl-Soldaten
Ordnungmußsein-Zivilisten
der Menschistnichts-Polizei
der Himmelisteuchsicher-Kirchen.

Man gebe dazu:

das Kriegsrecht und den Ausnahmezustand
die Wehrlosigkeit der Waffenlosen
fingierte Rechts- und Sozialprogramme
getarnte Brutalität mit wissenschaftlichen
Foltermethoden
die geistliche Neutralität.

Man überziehe damit
die ausgebeuteten Massen.

Christa Peikert-Flaspöhler

Herr, mach mich zu einem Werkzeug deines Friedens,
daß ich liebe, wo man haßt;
daß ich verzeihe, wo man beleidigt;
daß ich verbinde, wo Streit ist;
daß ich die Wahrheit sage, wo Irrtum ist;
daß ich Glauben bringe, wo Zweifel droht;
daß ich Hoffnung wecke, wo Verzweiflung quält;
daß ich Liebe entzünde, wo Finsternis regiert;
daß ich Freude bringe, wo der Kummer wohnt.
Herr, laß mich trachten,
nicht, daß ich getröstet werde, sondern daß ich tröste;
nicht, daß ich verstanden werde, sondern daß ich verstehe;
nicht, daß ich geliebt werde, sondern daß ich liebe.
Denn wer sich hingibt, der empfängt;
wer sich selbst vergißt, der findet;
wer verzeiht, dem wird verziehen;
und wer stirbt, der erwacht zum ewigen Leben.

Begabungen

Es war einmal ein junger Mann,
den machten sie zum Soldaten.
Er gehorchte und tat alles,
was sie von ihm verlangten.
Sie rüsteten ihn mit Waffen aus
und gaben ihm eine Maschinenpistole in die Hand.
Ihr Lauf hatte viele kleine Löcher.
Da der junge Mann ein Flötenspieler war,
konnte er nur eines tun.
Er piff drauf.

PETER BUCHER

Friedenserklärung

Sollte je
die Regierung meines Volkes
der Regierung
eines anderen Volkes

in dem auch
deine Kinder leben
Vater
den Krieg erklären

so erkläre ich
jenen
schon heute
in deinem Namen
den Frieden

GERHARD SCHNATH

Chinesisches Märchen

Als der Krieg zwischen den beiden benachbarten Völkern unvermeidlich war, schickten die Feldherrn von beiden Seiten Späher aus, um zu erkunden, wo man am leichtesten in das Nachbarland einfallen könnte. Die Kundschafter kehrten zurück und berichteten auf beiden Seiten dasselbe: Es gebe nur eine Stelle an der Grenze, die sich dafür eigne. »Dort aber«, sagten sie, »wohnt ein braver kleiner Bauer in einem kleinen Haus mit seiner anmutigen Frau. Sie haben einander lieb, und es heißt, sie seien die glücklichsten Menschen auf der Welt. Sie haben ein Kind. Wenn wir nun über sein Grundstück marschieren, dann zerstören wir das Glück. Also kann es keinen Krieg geben.«
Das sahen die Feldherren ein, und der Krieg unterblieb, wie jeder Mensch begreifen wird.

Lob meines Vaterlandes

Vögel nisten an manchen Stellen meines Landes
die längst ausgestorben sind
noch diesen Sommer wurde in meinem Land
ein Dorf mit Brunnen und Kirchplatz gebaut
ehe die Planierraupen die Bohrungen sicherstellten
junge Männer in meinem Land füttern die Kranken
und machen ohne das Schießen zu lernen alte Leute sauber
Frauen gibt es in meinem Land die
ohne Sorge um ihre glatte Haut
sich darum kümmern daß andere Haut
napalmfrei unverkrebst und ordenslos bleibt.

Von all diesen
Vögeln Dörfern Zivildienstlern und Widerstand
leistenden Frauen gibt es nicht genug in meinem Land
den dritten Krieg zu verhindern
von all diesen
gibt es noch nicht genug.

Dorothee Sölle

Friedensgruß vor der Kommunion

Dem da
dem andern
dem x-beliebigen
dem wildfremden
der mir wurscht ist
der mich nichts angeht
dem man nicht trauen kann
dem man besser aus dem Weg geht
dem man's schon von weitem ansieht
dem da
dem Spinner
dem Blödmann
dem Besserwisser
dem Speichellecker
der nicht so tun soll
dem's noch leidtun wird
der mir's noch büßen soll
der noch was erleben kann
der sich nicht unterstehen soll
dem ich's schon noch zeigen werde
dem da
wünsche ich Frieden

LOTHAR ZENETTI

Die Verteidigung von Erzenshausen

(über die grenzen der stellvertretung)

vor vielen jahren gab es eine stadt, die wir einfach erzenshausen nennen wollen. diese stadt hatte einen legendären ruf für ihre verteidigung. sie befand sich direkt an der grenze zu einem feindlichen land. fiel diese stadt, so war das ganze land in gefahr, überlaufen zu werden. darum versuchten die feinde immer wieder, erzenshausen einzunehmen, doch wurden sie jedesmal abgewehrt. aus diesem grund haben sich kriegsstrategen mit der verteidigungsmethode von erzenshausen befaßt und sie für uns in einem buch festgehalten. aus diesem buch soll nun zitiert werden:

»erzenshausen besaß keinerlei befestigungsanlage: weder eine mauer noch einen graben. auch war die stadt nicht auf einen berg gebaut, so daß sie sich hätte besonders leicht verteidigen können, aber es regierte seit jahren ein sehr weiser bürgermeister. dieser war gegen jegliche befestigung der stadt, er drang lediglich darauf, daß jeder junge mann mit einfachen waffen kämpfen lernte. jedesmal, wenn die stadt angegriffen wurde, wandte sich dann jedermann dem kampf zu, und so konnte bisher die stadt gehalten werden.
die feinde merkten bald, daß sie sich nach einer anderen strategie umsehen mußten. unter ihnen war ein erfahrener kriegsmann, der sich in menschlichen schwächen besonders gut auskannte. dieser machte einen vorschlag, welcher angenommen wurde. die planungen rollten an, er verkleidete sich als armer wanderer und gelangte so an den stadtrand von erzenshausen. bettelnd, mit einer erfundenen lebensgeschichte, fand er einlaß, und bald darauf arbeit und ein festes einkommen. in einigen jahren war er mitglied des stadtrates. als guter bürger von erzenshausen schlug er nun vor, man solle doch die stadt befestigen, um die verteidigung zu erleichtern. er sprach von professionellen wächtern und kriegern. die restliche stadtbevölkerung brauchte sich dann nicht mit fragen der verteidigung zu plagen. zunächst wies man seinen plan ab, aber bald kam er doch durch, es schien ein logischer und gut durchdachter plan zu sein. vor allem war er logisch.
bald begann der bau der mauer, die allgemeinen schulen, auf denen die jungen männer den umgang mit einfachen waffen gelernt hatten, wurden abgeschafft und an ihrer stelle wurde eine militärakademie gebaut. hier wurden die professionellen kräfte ausgebildet. die meisten bürger interessierten sich bald nicht mehr sehr für den bau der mauer. sie überließen diese arbeit, wie auch die verteidigung, gern anderen leuten, solchen, die mehr davon verstanden.
im feindesland war man zunächst sehr erbost über diese entwicklung. man glaubte sich betrogen, denn wenn erst die mauer fertiggestellt sein würde, wäre doch die stadt unbezwingbar. gerade als ihr ärger am größten war, kam eine nachricht von ihrem mann in erzenshausen. er schrieb nur kurz, alles gehe nach plan. man beschloß, ihm weiter zu trauen. bald darauf, die mauer war seit einigen tagen fertig, kam die botschaft: greift heute um mitternacht an.

zunächst dachten sie, dies könne eine falle für sie sein, aber dann entschlossen sie sich doch, dem rat zu folgen.
die stadt lag sicher hinter ihrer mauer. die bürger wußten, daß für sie gewacht wurde. sie brauchten sich nicht darum zu kümmern, auf der mauer patroullierten einige wachen, die sofort jede feindesbewegung melden würden. in der stadt lag eine kleine truppe gut ausgebildeter soldaten bereit, um von der mauer aus die feinde abzuwehren. es war für alles gesorgt.
jedoch wußte keiner, daß die wachen gekauft worden waren, durch geldangebote waren sie bereit gewesen, ihre stadt zu verraten, der bettelnde wanderer hatte gute arbeit geleistet. die wachen schlugen bei dem angriff keinen alarm, sondern waren den feinden sogar noch behilflich. die kleine professionelle truppe war schnell überwältigt. die restlichen bürger, ohne waffentraining, boten kaum widerstand. sie hatten das kämpfen verlernt und vergessen, so fiel erzenshausen gerade nach fertigstellung der mauer.
die feinde regierten die stadt lange, und es gelang ihnen auch, von erzenshausen aus das ganze land einzunehmen. es dauerte jahre, ehe eine untergrundbewegung die stadt und auch das land von den feinden reinigen konnte. diese geheime resistance kehrte zu einigen der grundideen des alten erzenshausen zurück. alle mitglieder dieser bewegung lebten sehr diszipliniert. jeder mußte gut mit einfachen waffen umgehen können. ihr motto war: was einen angeht, geht alle an. die führer dieser untergrundbewegung leiteten nach abzug der feinde die regierung des landes und der stadt. die teilweise zerstörte mauer um erzenshausen wurde nicht repariert und doch war erzenshausen bald wieder so unbezwingbar wie früher.«

Ulrich Schaffer

Nicht vom Brot allein

am Tag entlang beten

Fünf Vorsätze für jeden Tag:

Ich will bei der Wahrheit bleiben.
Ich will mich keiner Ungerechtigkeit beugen.
Ich will frei sein von Furcht.
Ich will keine Gewalt anwenden.
Ich will in jedem zuerst das Gute sehen.

Mahatma Gandhi

Morgengebet

Wisch weg die Spuren der Nacht.
Verjag den Tod aus mir.
Mach mich heller
als der heraufkommende Tag.
Laß mich dich sehen,
der selbst erschienen ist,
eingehüllt in das Licht dieses Tages.
Laß mich lachen,
hebe mein Herz empor,
mach mir Freude.

Laß mich hier sein,
mach mich gegenwärtig.
Gib mir Verantwortung für Menschen.
Damit ich aufmerksam
und barmherzig bleibe.
Damit mich Schmerz und Sorgen
nicht stumpf machen.
Daß mich die Kraft zur Liebe
nicht verläßt.

Führe den Tag der Gerechtigkeit
schneller herbei.
Schau nicht länger zu,
daß da und da in dieser Welt
Menschen gefoltert werden,
Kinder getötet;
daß wir die Erde schänden
und einander das Licht wegnehmen.

In unserem Gewissen
wecke Zorn und Scham,
damit wir umkehren,
zurück zu deinem Wort.

Huub Oosterhuis

Ich will aufbrechen

Ich will aufbrechen
in meine Wirklichkeit
und das, was darüber ist.
Am Morgen
nehme ich mein Herz in die Hände.

Der Welt wende ich mich entgegen,
strecke meine Hand aus,
sie zu nehmen
und zu formen.

Dir
wende ich mich entgegen,
bereit, deine Liebe zu empfangen
und meine zu geben,
hoffend
und dankbar.

Den vielen Ungereimtheiten
den Unverständlichen
der Angst
der Ungewißheit zwischen Tatsachen
und Träumen
wende ich mich entgegen,
denn Glaube heißt:
eine Herausforderung annehmen.
Ich gehe das Abenteuer ein,
ich gehe auf den Horizont zu
über den Wellen.

Jeder Tag, Herr, ist gleich wichtig vor Dir.
Gib, daß wir darum auch diesen Tag ernst nehmen:
die Aufgaben, die uns gestellt sind;
die Menschen, denen wir begegnen;
die Freude, mit der wir überrascht werden.
Und das Bittere, das uns treffen kann. Amen.

Heute kann ich schlecht beten, Herr!
Für diese Nacht kann ich nicht danken.
Alle schönen Vorsätze waren umsonst.
Ich versage so oft. Ich möchte alles hinschmeißen.
Laß mich meinen Ärger nicht am Frühstückstisch und bei anderen abreagieren. – Gib Du mir einen neuen Anfang!

Herr, ich werfe meine Freude wie Vögel an den Himmel.
Die Nacht ist verflattert, und ich freue mich am Licht.

Deine Sonne hat den Tau weggebrannt
vom Gras und von unseren Herzen.
Was da aus uns kommt, was da um uns ist
an diesem Morgen, das ist Dank.

Herr, ich bin fröhlich heute am Morgen.
Die Vögel und Engel singen, und ich jubiliere auch.
Das All und unsere Herzen sind offen für deine Gnade.
Ich fühle meinen Körper und danke.
Die Sonne brennt meine Haut, ich danke.
Das Meer rollt gegen den Strand, ich danke.
Die Gischt klatscht gegen unser Haus, ich danke.

Herr, ich freue mich an der Schöpfung
und daß du dahinter bist und daneben
und davor und darüber und in uns.

Ich freue mich, Herr,
ich freue mich und freue mich.
Die Psalmen singen von deiner Liebe,
die Propheten verkündigen sie.
Und wir erfahren sie:
Weihnachten, Ostern, Pfingsten und Himmelfahrt
ist jeder Tag in deiner Gnade.

Herr, ich werfe meine Freude wie Vögel an den Himmel.
Ein neuer Tag, der glitzert und knistert,
knallt und jubiliert von deiner Liebe.
Jeden Tag machst du. Halleluja, Herr!

FRITZ PAWELZIK

Gott, ich preise dich,
du bist der Morgen und der Abend,
der Anfang und das Ende der Zeit.
Dir danke ich für die Ruhe der Nacht
und das Licht eines neuen Tages.
Leib und Seele sind dein,
von dir ist alles, was geschieht.

Herr, Jesus Christus, du Licht der Welt,
du bist der Weg, den ich heute gehe,
du bist die Wahrheit, die mich leitet,
du bist das Leben, das ich finde.
Gib mir deine Liebe,
daß ich dich wiederfinde in den Menschen.
Gib mir Geduld und Gelassenheit
und bewahre mich in deiner Liebe.

Du schöpferischer Geist,
wecke meine Sinne und Gedanken,
gib mir Phantasie und Klarheit,
ein empfindliches Gewissen,
das rechte, helfende Wort
und das sorgsame Tun,
daß ich etwas Nützliches schaffe
und dieser Tag nicht verloren ist.

Heiliger Gott,
was du mir schickst, will ich annehmen,
Erfolg und Mißerfolg, Freude und Mühsal.
Ich bitte dich für alle,
die diesen Tag mit Sorge beginnen,
mit Angst oder Schmerzen.
Begleite uns, schütze uns. Bewahre uns.
Ich danke dir für deinen neuen Tag.

JÖRG ZINK

Wir schenken dir, Herr, diesen beginnenden Tag.
Laß uns denen helfen, die zu uns kommen,
denn du bist es, der kommt.
Laß uns eins sein mit allen Brüder und Schwestern,
die hinausgehen, dein Halleluja zu leben.
Laß uns zart, liebevoll,
offen sein und bereit, jede Form deines Willens
anzunehmen.
Laß uns lachend im Leben stehen,
denn du bist das Leben.
Laß uns Vertrauen schenken in die Erde und in
den Himmel.
Laß uns alles ablegen, was nicht DU bist und
deine Kinder, die Menschen.
Laß uns unsere Liebe klar sein
durch die Gnade des Vaters,
des Sohnes
und des Heiligen Geistes.
Amen.

Ich glaube, zum Leben gehört mehr
als Essen und Trinken, Wohlstand und
Gesundheit.
Ich glaube, zum Leben gehört mehr
als Lehren und Lernen, Begreifen und
Verstehen.
Ich glaube, zum Leben gehört mehr
als Lust und Befriedigung, Erfolg und Glück.
Ich glaube, zum Leben gehört auch
Vertrauen und Hoffen, Sich-Gedulden und
Warten.
Ich glaube, zum Leben gehört auch
Angst und Aufhören von Angst,
Trauer und Aufhören von Trauer.
Ich glaube, zum Leben, das ich lebe, gehört der,
der mir mein Leben gab:
Gott, ich danke dir! Amen.

Bitte

Herr, schenke mir Gesundheit des Leibes
mit dem nötigen Sinn dafür,
ihn möglichst gut zu erhalten.

Schenke mir eine heilige Seele,
die im Auge behält, was gut und rein ist,
damit sie sich
nicht einschüchtern läßt vom Bösen,
sondern Mittel findet,
die Dinge in Ordnung zu bringen.

Schenke mir eine Seele,
der die Langeweile fremd ist,
die kein Murren kennt
und kein Seufzen und Klagen,
und lasse nicht zu,
daß ich mir allzuviel Sorgen mache
um dieses sich breitmachende Etwas,
das sich Ich nennt.

Schenke mir Sinn für Humor.
Gib mir die Gnade,
einen Scherz zu verstehen,
damit ich ein wenig Glück kenne im Leben
und andern davon mitteile.

Thomas Morus

Ein Gebet aus Ghana:

Herr,
Allmächtiger,
Unendlicher, Schöpfer, Vollender,
ein Jahr ist für dich nur ein Augenblick.
Doch für uns ist es 365 Tage lang,
breit und tief,
unübersehbar.

Herr,
jedes Jahr ist vollgepackt für uns,
im voraus,
mit Gutem und Bösem.
Du bist der Herr des Jahres.
Wir sind bangende Knechte der Zeit.

Herr,
doch eins ist wahr,
jedes Jahr
bringt uns näher zu dir.
Menschen werden älter
mit jedem Jahr,
doch Christen werden jünger.

Ein Jahr liegt hinter uns,
abgefahren.
Straße schnurgerade durch Savannen,
Kurven über steile Hügel,
Schlaglöcher, Pannen,
verpaßte Anschlüsse und Gelegenheiten.
Herr,
wegen dieser verpaßten Gelegenheiten
könnte ich verzweifeln,
wenn du nicht vergeben würdest.

Herr,
jeden Tag ist deine Gnade neu,
seit dem Regenbogen,
und deine Güte
seit Jesus Christus.
Der Teufel
und seine Gefährten
schleppen sich durch die Jahre,
werden elender mit jedem Tag;
doch wir wachsen mit deiner Sonne,
mit deinem Geist.

Herr,
wie du die Haare auf meinem Kopf
gezählt hast,
so hast du auch meine Tage gezählt,
die Minuten und Sekunden.

Herr,
um Gesundheit bitte ich dich,
um etwas mehr Geld,
um Hunger auf dein Wort,
um dein Wort bitte ich dich.
Amen.

Schöpfer meiner Stunden und meiner Jahre,
du hast mir viel Zeit gegeben.
Sie liegt hinter mir
und sie liegt vor mir.
Sie war mein und wird mein,
und ich habe sie von dir.
Ich danke dir für jeden Schlag der Uhr
und für jeden Morgen, den ich sehe.

Ich bitte dich nicht, mir mehr Zeit zu geben.
Ich bitte dich aber um viel Gelassenheit,
jede Stunde zu füllen.

Ich bitte dich, daß ich ein wenig dieser Zeit
freihalten darf von Befehl und Pflicht,
ein wenig für Stille,
ein wenig für das Spiel,
ein wenig für die Menschen am Rande meines Lebens,
die einen Tröster brauchen.

Ich bitte dich um Sorgfalt,
daß ich meine Zeit nicht töte,
nicht vertreibe, nicht verderbe.
Jede Stunde ist ein Streifen Land.
Ich möchte ihn aufreißen mit dem Pflug
ich möchte Liebe hineinwerfen,
Gedanken und Gespräche,
damit Frucht wächst.
Segne du meinen Tag.

Jörg Zink

Herr, wir danken Dir für diesen neuen Tag.
Laß uns mit unseren Fähigkeiten nicht herrschen, sondern dienen.
Hilf uns, auch mit denen gut auszukommen, die wir nicht leiden können.
Bewahre uns davor, immer recht haben zu wollen.
Laß uns zuhören können.
Laß uns ehrlich und gewissenhaft sein.
Laß uns in allem Dir allein die Ehre geben.
Segne uns und alle, die wir heute treffen. Amen.

Mein Gott. Du brauchst nicht unser Gebet.
Aber wir brauchen es: in uns wird etwas anders,
wenn wir wirklich zu beten versuchen.
Wir können dann mehr sehen und mehr hören.
Wir besinnen uns auf das, was Du von uns willst.
So leben wir nicht in den Tag hinein.
Wir starren nicht nur auf unser eigenes Ich.
Wir bekommen einen neuen, einen weiteren Horizont. Amen.

Herr, zu Beginn
dieses neuen Tages
möchte ich mit Dir reden
und Dir sagen,
daß ich Dir
für den neuen Tag danke,
auch wenn manches
heute schwer sein wird.

Ich vertraue aber darauf,
daß Du
bei mir bist
und mich ständig begleitest.

Deine Nähe wird mir
Kraft und Stärke geben
und mir eine große Hilfe sein.

Herr,
ich danke Dir,
daß Du jeden Tag neu
mit mir gehst.

Herr, du schenkst mir jeden neuen Tag und jeder Tag ist gleich wichtig vor dir. Ich danke dir für diesen Tag. Gib, daß ich ihn ernst nehme: die Aufgaben, die mich heute fordern, die Menschen, denen ich begegne, die Erfahrungen, die er bringt, das Bittere, das mir widerfährt. Laß mich auch dann frei bleiben, wenn ich vor Arbeit nicht mehr ein noch aus weiß. Laß mich dankbar sein für alles, auch wenn dieser Tag mir Mühe bringt...
Jeder Tag ist ein neues Angebot von dir, Herr. Hilf mir, daß ich es nutzen kann.

Das himmlische Freudenmahl

Vater im Himmel!
Du hast das Brot geschaffen und die Butter,
aber auch den Kaviar, das Beefsteak
und die Salzburger Nockerln.
Du mußt selber ein großer Genießer sein,
weil du uns so einen anspruchsvollen Gaumen
geschenkt hast,
und dazu den Magen, der das alles verdauen kann.

Aber laß uns nicht vergessen,
daß wir auch am reich gedeckten Tisch
nur den kleinen Hunger stillen können.
Denn den Hunger nach einem sinnvollen Leben,
nach Freude, nach dir, stillt nicht das große Fressen,
sondern – und darum bitten wir dich –
die Menschen, mit denen wir am Tisch sitzen.
Und dann du selbst, wenn du uns eines Tages
zu deinem himmlischen Freudenmahl rufen wirst

PETER KARNER

VOR DEM ESSEN
Gott, du unser Vater, höre unser Gebet:
Tag für Tag setzen wir uns an den gedeckten Tisch: Wir haben zu essen und brauchen nicht zu hungern. –
Laß uns nie so satt werden, daß wir die Not anderer übersehen. Gib uns die soziale Gesinnung, mit denen zu teilen, die nicht das nötige Brot haben. Das erbitten wir durch Christus, unsern Herrn. Amen.

NACH DEM ESSEN
Gott, du unser Vater, höre unser Gebet:
Wir gehören zu dem einen Drittel der Menschheit, dem es gut geht: Wir haben Arbeit und Auskommen. –
Laß uns mit dem zufrieden sein, was uns täglich zukommt und geschenkt wird, und uns in unseren persönlichen Ansprüchen bescheiden. Das erbitten wir durch Christus, unsern Herrn. Amen.

ERICH LEGLER

Vor dem Essen

Gott, du Vater aller Menschen, gib anderen und uns das, was wir zum Leben brauchen. Laß die Früchte der Erde gedeihen und gib Gerechtigkeit und Frieden für alle Menschen. –

Uns selbst sende, für die da zu sein, die ohne unsere Hilfe nicht leben können. Darum bitten wir durch Christus, unsern Herrn. Amen.

Nach dem Essen

Guter Gott, wir danken in der Gesinnung Jesu, deines Sohnes, für das Essen, das wir zur Ernährung und Gesundheit nötig haben; für das Zusammensein mit den andern, weil wir Gemeinschaft brauchen; für die Entspannung und Erholung des Geistes und Leibes; für jede Erkenntnis und jeden Anstoß, um im Geist der Liebe das Leben zu verwirklichen. Amen.

Erich Legler

Gott, Speise und Trank,
Gesundheit und Glück,
Leben und Liebe
verdanken wir letztlich Dir.
Wir nehmen es dankbar an
aus Deiner Hand.

Gott, nichts ist selbstverständlich.
Wir verdanken vielen unser heutiges Brot.
Dir aber verdanken wir unser Leben.
Gott, laß uns niemals vergessen, zu danken,
Dir und unseren Mitmenschen.

Gott, wir danken Dir für die Speise,
die wir miteinander geteilt haben.
Laß uns auch im täglichen Leben
miteinander teilen.

Gott, wir durften wieder satt werden,
und dafür wollen wir gemeinsam danken.
Viele Menschen müssen Hunger leiden.
Laß uns an der Not der Armen nicht vorbeigehen.

Gott, wir danken Dir und allen Menschen,
die uns heute dieses Mahl bereitet haben.

Theo Schmidkonz

Wie Wasser in der Wüste — Psalm 23

Der Herr ist mein Hirte

In einer Welt, in der Gott kaum noch einen Platz hat,
sorgst du, Gott, für mich.
In einer Zeit, in der der Hunger den Menschen besiegt,
habe ich zu essen und zu trinken.
In einem Land, das seine eigenen Kapitalgesetze hat,
leitest du mich auf dem Weg der Gerechtigkeit.

Und wenn ich manchmal keinen Erfolg sah,
hast du mir Parolen an die Hand gegeben,
mit denen ich meinen Weg finden kann.

Deine Worte vom Reich Gottes hier auf Erden
haben mir eine Zukunftsvision gegeben,
die für alle Menschen gelten kann.

Im Angesicht völliger Ratlosigkeit
hast du mir Wege gezeigt,
die zum Frieden führen.

Ich habe großes Glück gehabt,
dieser guten Nachricht zu begegnen,
ihr zu glauben und zu vertrauen.

So bin ich auf dich angewiesen
wie ein grünes Feld in der Wüste,
das Wasser braucht.

Uwe Seidel

Herr, wenn wir beim Essen nur an uns selbst denken, dann wächst der Speck an unseren Herzen immer mehr. Rüttle uns auf, daß wir all die nicht vergessen, an deren Not wir mitschuldig sind, solange wir das Teilen vergessen. Amen.

Ein Drittel
der Menschheit
wird etwa
so ernährt wie
die Insassen des
KZ Auschwitz.
Nur kann jetzt
keiner sagen,
er hätte nichts
davon gewußt

Wenn wir sagen: Unser tägliches Brot –
meinen wir alles, was wir brauchen,
um in Frieden zu leben.
Brot ist Frieden.
Essen können, statt zu hungern, ist Frieden.
Trinken können, statt zu dürsten,
warm haben, statt zu frieren, ist Frieden.
Schutz finden in einem Haus,
arbeiten können und seine Kräfte einsetzen dürfen,
das alles ist Frieden, ist tägliches Brot.
Unser tägliches Brot, von dem wir leben,
ist auch das Wort eines Menschen.
Wir können nicht leben,
wenn nicht das Wort zu uns kommt,
das ein anderer zu uns spricht.

Unser Vater im Himmel! Du sättigst uns mit den Gaben der Erde. Laß uns hungrig und durstig bleiben nach Gerechtigkeit für alle. Amen.

Guter Gott. Laß uns dieses Essen nicht als selbstverständlich hinnehmen. Laß uns vielmehr dankbar sein gegen Dich und gegen alle, die es uns bereitet haben. Amen.

Aller Augen warten auf Dich, o Herr.
Du öffnest Deine gute Hand und erfüllst alles,
was da lebt, mit Segen. Amen.

Vater, wir danken Dir für dieses Essen.
Wieviele Menschen haben dafür gearbeitet!
Danke auch denen, die es uns zubereitet haben. Amen.

Ich bitte dich für alle Menschen,
die den Tag im Streit beendet haben.
Zeige uns allen Wege zum Frieden auf dieser Erde.

Ich bitte dich für alle, die jetzt arbeiten,
für alle, die auf den Straßen fahren,
für alle, die in den Krankenhäusern wachen.

Ich bitte dich für alle, die keinen Schlaf finden,
für die Kranken und Schwermütigen,
die Verlassenen und die Gefangenen.

Du wachst, Gott, mit den Wachenden.
Du bist der Schlaf der Schlafenden
und das Leben der Sterbenden.

JÖRG ZINK

Bleibe bei uns, Herr,
denn es will Abend werden
und der Tag hat sich geneigt.

Bleibe bei uns und bei allen Menschen.
Bleibe bei uns am Abend des Tages,
am Abend des Lebens, am Abend der Welt.

Bleibe bei uns mit deiner Gnade und Güte,
mit deinem Wort und Sakrament,
mit deinem Trost und Segen.

Bleibe bei uns, wenn über uns kommt
die Nacht der Trübsal und Angst,
die Nacht des Zweifels und der Anfechtung,
die Nacht des bitteren Todes.

Bleibe bei uns und bei allen deinen Kindern
in Zeit und Ewigkeit.

KIRCHENGEBET

Gott,
du allein weißt, was dieser Tag wert war.
Ich habe vieles getan und vieles versäumt.
Ich habe vieles versucht und vieles nicht vollendet.
Ich habe aus Unglauben gehandelt und entschieden
und bin den Menschen viel Liebe schuldig geblieben.

Ich möchte allen vergeben, die mir Unrecht getan haben.
Ich möchte von allem Haß, allem Neid
und aller Verachtung frei sein.
Vergib du auch mir alle meine Schuld.
Ob dieser Tag Frucht gebracht hat, weiß ich nicht.
Du allein siehst es.
Du allein kannst meine Mühe segnen.

Gott, ich kann dir nichts geben
zum Dank für diesen Tag
als daß ich den kommenden aus deiner Hand nehme.
Gib mir einen neuen Tag und verlaß mich nicht.

Ich danke dir in dieser Abendstunde,
daß du mich heute behütet hast.
Behüte alle, denen ich heute begegnet bin,
gib das Licht deiner Liebe allen, die ich liebhabe,
und allen, deren Last ich tragen soll.

»Ich gehe zum Vater«, hast du zu den Deinen gesagt.
Ich bitte dich, daß ich dir folgen darf.
Dein bin ich im Licht des Tages und im Dunkel der Nacht,
bis du mich heimrufst in deinen Frieden.

Jörg Zink

skizze zu einem abendgebet

herr
wie kann ich
dir
danken
für den
großen
erfolg mit
dem es mir
heute
wieder
gelungen ist
mich an
dir
vorbeizudrücken.

JOSEF REDING

Ein ganz gewöhnlicher Tag

Herr, so einen Tag wie heute
hat es in meinem Leben
schon viele gegeben:
Keine besonderen Vorfälle
nichts Außergewöhnliches.

Längst
habe ich mich daran gewöhnt,
daß die Sonne
jeden Morgen neu
aufgeht über Gute und Böse.
Und auch daran,
daß ich in der Frühe
gesund aufstehe.
Daß Tag für Tag
Menschen Freud und Leid
mit mir teilen,
ist für mich
nichts Ungewöhnliches;
ebensowenig,
daß ich täglich
mit Menschen zusammenkomme,
die mich mögen,
mir zulächeln.

Auch habe ich mich
schon lange daran gewöhnt,
daß jeder Tag
viele kleine Freuden
mit sich bringt.

Nichts Außergewöhnliches
sehe ich darin,
daß ich Tag für Tag die Chance bekomme,
meinen Mitmenschen Freude zu bereiten,
das eine oder andere
wiedergutzumachen
und mich mit meinem Gegner
zu versöhnen.

Herr, alles Gute, das ich täglich erlebe,
halte ich für so selbstverständlich,
daß es mir gar nicht in den Sinn kommt,
Dir dafür »danke« zu sagen.

Wenigstens heute abend,
am Ende dieses ganz gewöhnlichen Tages,
will ich es tun!

PETRUS CEELEN
CARLO CARETTO

Laß deine Sorgen an der Schwelle des
Schlafes zurück,
laß alle Bedenken zurück,
alle Bitterkeit,
allen Kummer,
damit du dich beim Aufwachen nicht so
müde wiederfindest,
als hättest du in den Kleidern geschlafen,
die Schuhe an den Füßen, den Hut auf dem Kopf.

DOM HELDER CAMARA

Und Jesus sagt:

Macht euch keine Sorgen um den morgigen Tag, denn der morgige Tag wird für sich selbst sorgen. Es ist genug, daß jeder Tag seine eigene Plage hat.

MATTHÄUS 6, 34

Womit füllen wir den Sonntag?
Womit unsere freie Zeit?
Mit Abfällen des Werktags?
Mit Musik, Geselligkeit, Spiel?
Mit Frühlingsluft und Familienausflug?
Womit füllen wir
»das Loch, das man Seele nennt«?
Mit Idealen, Wünschen, Träumen?
Mit einer Theorie vom Zufall?
Mit einer Theorie vom Recht des Starken?
Oder:
mit dem lebendigcn Gott?

BERNHARD LANG

Herr, heute ist es mir wieder prächtig gelungen, mich an Dir vorbeizudrücken. Meine Haare habe ich öfters in Ordnung gebracht, das Zähneputzen auch nicht vergessen; für so vieles hatte ich Zeit... viel Zeit; nur nicht für Dich. Ja, ich denke einfach an meine äußere Erscheinung. In den inneren Spiegel schaue ich zu wenig; wie steht es mit meiner Hilfsbereitschaft, meiner Ehrlichkeit? Das soll anders werden, Herr. Morgen. Amen.

Herr, ich danke dir für diesen Tag. Verzeih mir, wenn ich ihn nicht ganz in deinem Geist gelebt habe, so nimm wenigstens meinen zaghaften Versuch, mein Bemühen. –
Ich danke dir, daß ich gesund geblieben bin und daß mir nichts passiert ist. Entschuldige, wenn ich anderen Unrecht getan habe. –
Ich danke dir für die Aufgaben, die dieser Tag von mir forderte und an denen ich meine Kräfte und meine Ausdauer erproben konnte. Entschuldige, wenn ich nicht alles so getan habe, wie es hätte sein müssen. –
Ich danke dir für meine Mitmenschen in der Familie und überall, für ihr Lächeln, ihre freundlichen Worte, ihr Zuhören und dafür, daß sie mich ertragen haben. Entschuldige, wenn ich rücksichtslos und lieblos gegen sie war. –
Ich danke dir für die Freude an allem Guten, das mir heute begegnet ist. Entschuldige, wenn ich durch mein Verhalten die Freude anderer verdorben habe. –
Ich danke dir für die Hoffnung nach jeder Niederlage. Entschuldige, wenn ich anderen eine Enttäuschung bereitet habe. –
Ich danke dir für den Trost in allem Schönen, an dem mein Leben trotz aller Mühseligkeiten und Widersprüche so reich ist. Laß auch die anderen diesen Trost finden.

Am Abend

Nachdenken,
noch einmal
alles vorbeilaufen lassen,
die Augenblicke,
Bild für Bild.

Müde Zwischenbilanz:
verpaßt,
vertan,
tausend Chancen ungenutzt.

Da bleibt ein Rest
vor und hinter dem Komma:
suchen,
warten,
finden.

Und morgen?
Da liegt ein weites Feld...
mit tausend Möglichkeiten
und mehr.
Da bin ich...
mit tausend Hoffnungen
und mehr.
Da bist du, Gott,
mit deiner Hand,
die du über mich hältst.

WERNER SCHAUBE

Meine Hände
haben in die Speichen
des großen Wagen gefaßt,
Herr,
laß meine Füße im Schlamm
nicht versinken.

ANITA KRINGS

Zwischen Kreuzigung und Auferstehung

an Jesus Christus erinnern

profane litanei

vor einer ladung zum verhör,
vor lagern ohne wiederkehr,
vor pistolen im nacken,
vor einer aufsicht beim hacken,
vor Hitlers, Stalins wiederkehr:
da bewahre uns, o herr!

vor briefzensur, inquisition,
vor fronarbeit um gottes lohn,
vor des staates folterkammern,
vor der unternehmer jammern,
vor lynchjustiz und bürgerwehr:
da bewahre uns, o herr!

vor brotverderb und inflation,
vor rauschgiften aus blauem mohn,
vor fernsehwerbung, attentaten,
vor allzu großen zahlungsraten,
vor unserem ruf nach »immer mehr!«:
da bewahre uns, o herr!

Josef Reding

Zwei oder drei in deinem Namen

Zwei oder drei,
das ist nicht viel,
bestimmt nicht,
wenn der eine blind,
der andere taub
und ein Dritter
lahm ist.

Zwei oder drei,
das ist unendlich mehr
als einer allein,
bestimmt wenn
der eine blind,
der andere taub
und ein Dritter
lahm ist.

Denn der Blinde
wird das Ohr
für den Tauben,
und der Taube
wird das Auge
für den Blinden,
und gemeinsam tragen sie
den Lahmen,
und so gehn sie
alle drei,
wohin einer allein
nicht kommen kann.

»Zwei oder drei
in meinem Namen«,
das ist
deine Hoffnung, Gott,
für die Kinder
der Menschen,
und überall,
wo Menschen,
zu zweit oder dritt,
ihre Stärke
miteinander teilen
und ihre Schwäche
gegenseitig tragen,
da bist du
in ihrer Mitte.

Zu zweit oder dritt
kannst du es
mit der ganzen Welt aufnehmen.
Zu zweit oder dritt
traust du dir
das Wunder zu:
Steine
werden
zu Brot,
Wasser
wandelt sich
zu Wein,
Einzelgänger
werden
zu verschworenen Freunden.

Zwei oder drei,
die miteinander
das Brot
teilen wollen,
lassen wiederaufleben
den Hunger nach
Gerechtigkeit.

Zwei oder drei,
die den Kelch erheben
auf eine Zukunft mit allen,
halten lebendig
den Durst nach
Frieden.

DIETHARD ZILS

Die Kunst der Liturgie Psalm 45

Lied zur Hochzeit des Königs

Im stetigen Rhythmus der sieben Tage kommen wir zusammen
und üben die Kunst der Liturgie.
Worte und Töne, die Menschen vor langer Zeit fanden,
nehmen wir in den Mund,
und zögernd versuchen wir selbst,
eine eigene Stimme in die große Partitur einzuzeichnen.
Kyrie eleison,
laß dich mit uns ein,
laß uns nicht für immer Todesopfer sein.
Gloria, gloria in excelsis deo,
denn wo Menschen in der Welt in Ketten und Banden,
machst du, Sohn der Menschen, die Knechtschaft zuschanden,
mit unseren Händen willst du sie beenden,
denn du hast uns befreit von Haß und von Neid.
Immer neu klingt dein Wort.
»Selig die Frieden machen, wo Streit ist,
denn sie sind die Kinder Gottes«.
So bekennst du dich zu den Menschen,
die wie Martin Luther King oder Dom Helder Camara gewaltlos
doch konsequent die Rechte der Armen einklagen.
Mit ihnen sprechen auch wir unser Credo:
Wir glauben, daß der Weg zu einem neuen Menschen möglich ist,
weil Gott in dir alle Menschen zu Brüdern und Schwestern gemacht hat.
Wir wissen, daß wir dich enttäuschen,
wenn uns der Wohlstand über alles geht,
wir wissen, daß wir verloren sind,
wenn wir nicht endlich deine Revolution der restlosen Hingabe verwirklichen.

Diethard Zils

Wir spielen Kirche

wir beherbergen dich nun schon 2000 jahre recht gut
in domen kirchen kathedralen
kapellen und häusern
haben dir viel platz eingeräumt
und halten ehrfürchtige distanz
herr
da muß es dir doch gutgehen
unter uns

wir spielen kirche
es läuft alles am schnürchen
auch du hast eine rolle
auch du mußt dich anpassen
mußt dich an unsere form gewöhnen
du hast keine wahl
weil wir einen gewissen stil haben
und uns nicht in unsicherheit stürzen wollen
die immer mit neuen wegen kommt
weil wir uns innerhalb von gesetzen
sicherer fühlen
als deinem geist ausgesetzt zu sein

herr laß uns nicht mit dir spielen
stoß unsere nase auf den frommen zauber
der mit dir nichts zu tun hat
der dich eher verdeckt als verkündigt
und mache uns neu
und bereit neu zu werden
jeden tag

Ulrich Schaffer

Wir haben dein Evangelium noch nicht vollständig begriffen

Wir bekennen, Herr,
daß wir dein Evangelium noch nicht vollständig
begriffen haben.
Auch haben wir die uns umgebende Wirklichkeit
noch nicht richtig durchschaut.
Verzeih uns unsere Konfusion und unsere Zaghaftigkeit,
– deine Zeugen zu sein,
– die Zeichen des Reiches zu erkennen,
– andern zu vergeben,
– Ansätze der Hoffnung zu suchen,
– gemeinsam zu beten,
– die Einheit des Leibes Christi zu bezeugen,
– unsern Reichtum und unsere Armut zu teilen,
– für die Überraschung des Heiligen Geistes bereit zu sein,
– unsere Schritte auf den richtigen Weg zu richten,
– uns zu bekehren,
– in Liebe zu leben,
– Samen deines Friedens und deiner Gerechtigkeit zu sein.

Nicaragua

Selig sind die Friedensstifter

Jesus, unser Bruder,
du zerbrichst das Gewehr
und machst die dir folgen die
furchtlos und kämpferisch
über uns herrschen, sprechen von nachrüsten
    und meinen aufrüsten
    sie sagen Verteidigung
    und meinen Intervention und ersten Schlag
    sie sagen Frieden
    und meinen Öl
Jesus, laß uns werden wie du und die Lüge nicht dulden
wir wollen den Militarismus nicht dulden
über uns nicht, neben uns nicht, in uns nicht.

Herr, erbarme dich...

Jesus, unser Bruder,
du störst das Geschäft mit den Waffen
du hast dich eingemischt
du hast Widerstand organisiert
    wir haben uns vor dem Elend der Armen versteckt
    in einem waffenstarrenden Luxuspalast wohnen wir
    Wir rüsten auf und lassen verhungern
Jesus, laß uns werden wie du und das Sterben nicht dulden
wir wollen dem Militarismus nicht dienen
nicht mit Worten, nicht mit Geld und nicht mit Lebenszeit

Herr, erbarme dich...

Jesus, unser Bruder,
du legst die Tötungsindustrie lahm
du treibst den Wunsch nach Todsicherheit aus unsern Herzen
du machst uns frei uns zu wehren
    die Militärs in unserem Land wollen wieder Orden tragen
    es kostet nur einhundertfünfzigtausend Mark
    dich auszuliefern hat einmal nur dreißig Silberlinge gekostet
Jesus, lehr uns verstehen, was Leben ist
wer sich nicht wehrt, lebt verkehrt
laß uns deine Brüder und Schwestern werden, die Frieden machen

Herr, erbarme dich –

Dorothee Sölle

Predigt im Lübecker Dom am 6. September 1980

Bekenntnis

Ich glaube an Jesus.
Denn er war, was wir sein sollten:
Diener aller Menschen und darum Sohn Gottes.
Weil er liebte, mußte er leiden.
Weil er zu weit ging, mußte er sterben.
Aber er starb nicht umsonst
und unterlag in Wahrheit nicht.
Er wird das letzte Wort behalten,
und alle, die Toten, die Lebenden
und die Kommenden,
müssen sich messen lassen an ihm.
Ich glaube an den Geist.
Denn mit Jesus kam ein neuer Geist in die Welt,
der die verfeindeten Menschen
eine gemeinsame Sprache lehrt
und einander als Brüder erkennen läßt;
der uns ermutigt, den Aufstand der Liebe gegen
den Haß fortzusetzen;
der die Verzweiflung überwindet,
die Schwermut löst
und ein verfehltes Leben lohnend macht.
Ich glaube an den Schöpfer.
Denn durch Jesus bin ich, was ich bin;
durch ihn erfahre ich, was Gott vermag.
So wie ich verdanken sich ihm alle Menschen,
auch wenn sie es nicht wissen.
So wie mich rief er die ganze Welt ins Dasein.
Ihm gehört sie,
ihm sind wir verantwortlich in allem, was wir tun.
Nun bin ich einverstanden mit meinem Dasein
und bejahe meine Bestimmung, weiterzugeben,
was ich von Gott empfange.
Amen.

Glaubensbekenntnis (Kirchentag in Köln 1965)

Mein Bekenntnis

Ich glaube an Gott, den Allmächtigen,
der Himmel und Erde geschaffen hat
und die Welt erhalten will
gegen unsere Unvernunft und allen Größenwahn.

Ich glaube an den schöpferischen Geist
und die Kraft unserer Gemeinschaft,
die Leben schafft und Leben schützt,
die aufsteht gegen tödliche Bedrohung
und lähmende Ohnmacht.

Und an Jesus Christus,
unseren Bruder und Gottessohn,
der den Himmel erdet
und die Erde mit dem Himmel verbindet,
der gelitten hat unter unserer Schwachheit,
der gekreuzigt wurde von unserem fehlenden Vertrauen
und gestorben ist an unserer lähmenden Angst,
begraben unter unserer Gleichgültigkeit,
hinabgestiegen in das Reich der Mächtigen,
der unter uns aufersteht
mit jeder neuen Hoffnung,
mit jedem Tropfen guten Wassers,
mit jedem Atemzug gesunder Luft,
mit jeder Blume, die den Kopf nicht hängen läßt.
Und er wird unterscheiden zwischen denen,
die den Tod betreiben und denen,
die für das Leben einstehen.

Uwe Seidel

Bekenntnis zu Glaube, Hoffnung, Liebe

Ich glaube an Gott,
weil das Erfahren von Blume und Baum, Mensch und Tier,
Liebe und Begegnung, Fragen und Zweifeln,
Gemeinschaft und Einsamkeit mich auf ihn hoffen läßt.

Ich glaube an Gott,
der wie ein Vater, Bruder, Freund,
wie eine Mutter, Schwester, Freundin für mich da ist.

Ich glaube an Gott,
den König, der nicht herrscht, sondern dient,
indem er allen Sinn verleiht, weil er alle liebt.

Ich glaube an Jesus Christus,
in dem der unsichtbare Gott sichtbar geworden ist.

Ich glaube an Jesus Christus,
der durch sein Wort und Handeln,
durch seine liebende Begegnung mit den Menschen
uns einen Weg gezeigt hat, den Weg der Gewaltlosigkeit,
auf dem wir anderen helfen, auf dem uns selbst geholfen wird.

Ich glaube an Jesus Christus,
der sterben mußte, weil sein Weg
die bestehenden Verhältnisse in Frage gestellt hat;
aber sein Tod war nicht der Triumph derer, die ihn töteten,
sondern der Anfang neuen Lebens.

Ich glaube an den Heiligen Geist, an das Leben Gottes in uns,
das Gestalt annimmt in der Gemeinschaft derer,
die den Weg Jesu gehen wollen
und deshalb Kirche, das heißt Gemeinschaft des Herrn,
genannt werden.

Ich glaube an den Heiligen Geist, an das Leben Gottes in uns,
den Menschen, die den Weg Jesu gehen,
und denen, die einen anderen Weg zum Heil gehen.

Ich glaube an den Heiligen Geist, an das Leben Gottes in uns,
das stärker ist als alle Schuld,
das selbst durch den Tod nicht zerstört werden kann.

Gesprächskreis der KSJ Mainz

Mein Glaube ist dieser:

Keine Rettung kommt mir von der Außenpolitik
keine Rettung von der Sexualrevolution
keine Rettung vom fetten Sozialprodukt
keine Rettung von der nuklearen Abschreckung
keine Rettung von Gemeinderäten, Priestern, Künstlern, Spenglern, Stadtplanern, Sozialingenieuren;
vom Vatikan auch keine
vom Buddhistenweltbund auch keine
von Hitler auch keine
von Jeanne d'Arc auch keine
und keine von Engeln, Erzengeln, Mächten und Gewalten.
Rettung kommt mir einzig von Jesus Christus.

NACH DANIEL BERRIGAN

Wir glauben an den befreienden Gott

Ich glaube an Gott, den Schöpfer des Lebens, der die Schöpfung aufrechterhält und sie vor der Vernichtung bewahrt.
Der uns die Aufgabe gibt, die Schöpfung zu bearbeiten, zu bewahren und zu bereichern.
Der uns zu einem Leben des Gehorsams ruft, zu seinem Dienst unter den Menschen.
Der uns leitet durch die Widersprüche und Gegensätze dieser Welt.
Der durch seinen Geist die Christen zusammenführt und seine Kirche bewahrt.
Der seine Kirche erneuert, damit sie eine exemplarische Gemeinschaft unter den Menschen ist.
Der uns in Jesus Christus den neuen Menschen offenbart, der liebt und für die andern lebt.
Der die Ungerechtigkeit und auch die Scheinheiligkeit nicht duldet, der uns vor dieser Gefahr bewahren will.
Der uns zurechtweist und richtet in unserer Mittelmäßigkeit.
Der uns Kraft gibt, inmitten widriger und gefährlicher Umstände zu kämpfen.
Der uns im Kampf von jedem Haß befreit.
Der zu allen Zeiten Menschen aufstehen läßt, um gegen die Ungerechtigkeit und die Unterdrückung zu kämpfen.
Der auch uns Tag für Tag erneuert in der Hoffnung auf sein Reich, das kommen wird: ein Reich der Liebe, das sich heute schon offenbart und das sich in aller Fülle noch offenbaren wird.

MEXICO

Ich glaube fest, Herr

Ich glaube fest, Herr,
daß aus deinem verschwenderischen Geiste
diese Welt geboren ist
daß von deiner Künstlerhand
der Hand eines einfachen Malers
die Schönheit erblühte:
die Sonne und der Mond
die Hütten, die Lagunen
die auf dem Fluß Richtung
Meer treibenden Schiffe
die großen Kaffeeplantagen
die weißen Baumwollfelder
und die Wälder, zerstört
durch die verbrecherische Axt.

Ich glaube an dich
Architekt, Ingenieur
Handwerker, Zimmermann
Maurer und Mechaniker.

Ich glaube an dich
Erbauer des Denkens
der Musik und des Windes
des Friedens und der Liebe.

Ich glaube an dich
Christus Arbeiter
Licht des Lichtes und
wirklicher eingeborener
Sohn Gottes
der, um die Welt zu retten
sich im demütigen und reinen
Schoße Marias inkarnierte.

Ich glaube, daß du
geschlagen wurdest
mit Spott gefoltert
dich am Kreuze geopfert hast
als Pilatus
der römische Imperialist
der herzlose Verräter
sich durch Händewaschen
dieses schrecklichen Irrtums
entledigen wollte...

Ich glaube an dich, Bruder
Christus Mensch
Christus Arbeiter
Besieger des Todes
mit deinem großen Opfer
hast du den neuen Menschen
geschaffen für die Befreiung.
Du bist auferstanden
in jedem Arm, der sich
emporstreckt
um das Volk zu verteidigen
von der ausbeuterischen
Herrschaft
lebendig zugegen bist du
in der Hütte, in der Fabrik
in der Schule.

Ich glaube an deinen Kampf
ohne Pause
Ich glaube an deine
Wiederauferstehung...

William Agudelo, Nicaragua

Die Ewigkeit der drei Tage

Warte, Israel, auf den Herrn. Denn beim Herrn ist Gnade. Erlösung in Fülle bei ihm.
PSALM 130,7

Drei Tage warten:
Karfreitag,
Karsamstag,
Ostersonntag.

Vom Standpunkt der Ewigkeit aus
ist das Warten keine Kunst.
Doch mit dem Blick auf unsere Herzen
können drei Tage eine Ewigkeit sein:
bis zur Ankunft des Freundes,
bis zur Scheidung,
bis zur Versöhnung,
bis zur Genesung,
bis zum Betenkönnen.

Manch einer nimmt sich das Leben,
weil drei Tage,
die Frist zwischen Kreuzigung und
Auferstehung,
zu lange gedauert haben.

MARTIN GUTL

Wir suchen Hoffnung

Wir sterben Tode,
Tag für Tag,
verspüren Ängste,
Nacht für Nacht.
Wir wollen leben,
wollen frei sein:
Herr, erbarme dich.

Wir suchen Hoffnung,
Tag für Tag,
ersehnen Frieden,
Nacht für Nacht.
Wir wollen hoffen,
wollen atmen:
Christ, erbarme dich.

Wir brauchen Liebe,
Tag für Tag,
erbitten Hilfe,
Nacht für Nacht.
Wir wollen lieben,
wollen geben:
Herr, erbarme dich.

BERND DONATH

Kreuz und quer

KREUZ
und quer.
So glatt ist unsere
Straße nicht.
»Nimm Dein
Kreuz auf Dich
und folge mir nach.«
KREUZ – hart, brutal,
schmerzhaft, häßlich,
schrecklich, tödlich.

KREUZ-ung – Todespunkt so manchen Lebens. Ein Haufen Blech – modernes Grab.
KREUZ-ung – Begegnung miteinander – Aufmerksamkeit fehlt, Feinfühligkeit, Rücksicht.
Manchmal begegne ich Dir, der Du Dich durch meine Härte, die Macht des Wissens und der Worte nicht abschrecken läßt. Und dem einen, dessen KREUZ nicht als harmloses, unwichtiges Schmuckstück um den Hals baumelt. Und dann

fühle ich die
Schuld und die
Verzweiflung, wie
eine tiefe breite
Schlucht. – Die Brücke
hinüber können wir
zusammen bauen.
KREUZ – Angst, Verzweiflung, Alleinsein. »Mein Gott,
mein Gott, warum
hast Du mich verlassen?«
Die Dunkelheit, nicht zu überdecken durch noch so
grelle Neonröhren
unserer reichen Kirche.
Irgendwann fallen
unsere Masken,
Puppen, Automaten,
Marionetten, Kasper,
Roboter, Maschinen,
Computer, Handlanger,
Narren...

KSJ-Karliturgie '81

Ihr fragt

ihr fragt
wie ist
die auferstehung der toten?
    ich weiß es nicht

ihr fragt
wann ist
die auferstehung der toten?
    ich weiß es nicht

ihr fragt
gibts
eine auferstehung der toten?
    ich weiß es nicht

ihr fragt
gibts
keine auferstehung der toten?
    ich weiß es nicht

ich weiß
nur
wonach ihr nicht fragt:
    die auferstehung derer die leben

ich weiß
nur
wozu Er uns ruft:
    zur auferstehung heute und jetzt

KURT MARTI

lautstark und vernehmlich
möcht ich deinen tod
deine auferstehung
dein befreiungswerk verkünden
jedoch
mein hals ist mir zugeschnürt
mein mund ist wie verschlossen

tatkräftig und mutig
möcht ich an der seite
von unterdrückten kämpfen
solidarisch nicht nur in worten sein
jedoch
meine angst scheint mich zu lähmen
meine ohnmacht scheint mir die hände zu fesseln

zumindest etwas möcht ich nicht
resignieren
wenigstens das nicht
den kopf in den sand stecken
jedoch
das entsetzen wird manchmal übergroß
das grauen lastet manchmal
zu schwer auf meinem wollen

BEATRICE GRAFF

dem da oder der Friedensgruß

dem da
ganz vorne
dem da
mehr in der Mitte
dem da
ganz hinten

dem da
der mich auslacht
dem da
der mich verhöhnt
dem da
der mich verachtet

dem da
den ich nie verstanden habe
dem da
der mich nie verstehen wollte

dem da
den ich hasse
dem da
der mich mit Füßen tritt
dem da
den ich am liebsten unschädlich machen möchte

ja
genau dem da
soll ich die Hand geben und den Frieden wünschen

Manfred Langner

Dankgebet eines unverzagt entwickelten Christenmenschen und Pharisäers

Ich danke dir, o Herr, daß du mich
nach deinem unerforschlichen Ratschluß
auf dieser Hälfte der Erde
hast zur Welt kommen lassen
und nicht in den Dürregebieten der Sahelzone,
im volkreichen Überschwemmungsgebiet des Gangesdeltas,
an irgendeinem Punkt des Wüstengürtels,
aus dem die Erdölquellen munter für uns sprudeln,
oder auf den kargen Höhen der Anden,
wo ich mich bei einer durchschnittlichen
Lebenserwartung von fünfunddreißig Jahren,

doch ohne jede Erwartung an das Leben,
vielleicht in den Tiefen einer Kupfermine
langsam zu Tode rackern müßte.

Peter Heisch

Der Gott, an den ich glaube

Ich glaube nicht an den Gott der Funktionäre;
auch nicht an den Gott der Generale
oder an den Gott auf patriotischen Feiern.
Ich glaube nicht an den Gott der offiziellen Totenehrung;
auch nicht an den Gott der Audienz-Säle,
des Vorwortes zu den Grundgesetzen
oder des Abschlusses großartiger Ansprachen.
Ich glaube nicht an den Gott des Glücks der Reichen;
auch nicht an den Gott der Angst der Wohlhabenden
oder der Freude jener, die das Volk berauben.
Ich glaube nicht an den Gott des erlogenen Friedens;
auch nicht an den Gott der Ungerechtigkeit gegen das Volk
oder der ruhmvollen Überlieferungen der Nation.
Ich glaube nicht an den Gott der leeren Predigten;
auch nicht an den Gott der üblichen Begrüßungen
oder der Ehen ohne Liebe.
Ich glaube nicht an den Gott, der nach dem Bild und Modell der Mächtigen geschaffen wurde;
auch nicht an den Gott, der als Beruhigungsmittel
für das Elend und die Leiden der Armen erfunden wurde.
Ich glaube nicht an den Gott, der an den Wänden hängt und schläft oder sich in den Schränken der Kirchen versteckt.
Ich glaube nicht an den Gott der Weihnachtsgeschäfte;
auch nicht an den Gott der prunkhaften Werbung.
Ich glaube nicht an den Gott, den die Menschen aus Lügen und wie aus zerbrechlichem Lehm modelliert haben;
auch nicht an den Gott der herrschenden Ordnung
auf der Grundlage einer zugelassenen Unordnung.

Der Gott, an den ich glaube, ist in einer Höhle zur Welt gekommen,
war Jude,
wurde von einem ausländischen König verfolgt
und zog wie ein Fremder in Palästina umher.
Er ließ sich begleiten von Leuten aus dem Volk;
er gab denen, die Hunger hatten, zu essen;
denen, die im Dunkeln lebten, Licht;
denen, die im Gefängnis saßen, Befreiung;
denen, die Gerechtigkeit verlangten, Frieden.

Der Gott, an den ich glaube, stellte den Menschen über das Gesetz
und die Liebe über die alten Traditionen.
Er hatte keinen Stein, worauf sein Kopf ruhen konnte,
und war von den Armen gar nicht zu unterscheiden.
Er ging zu den Gelehrten nur dann,
wenn diese sein Wort in Frage stellten.
Er war bei den Richtern, die ihn verurteilen wollten;
man hat ihn auch bei der Polizei gesehen, aber als Häftling.
Er hat das Regierungsgebäude betreten, um geschlagen zu werden.
Der Gott, an den ich glaube, trug eine Krone aus Dornen
und einen Mantel, der wie aus Blut gewebt war.
Er hatte Leibwächter, die ihm den Weg freimachten,
wohlgemerkt: zum Kalvarienberg, wo er unter Räubern
am Kreuz sterben mußte.
Der Gott, an den ich glaube, ist kein anderer als der Sohn Marias,
Jesus von Nazareth.
Alle Tage stirbt er, gekreuzigt durch unsern Egoismus.
Alle Tage steht er wieder auf, durch unsere Liebe.

Frei Beto
Übersetzung: Antonio Reiser

Die Grenze der Mächtigen

Die Mächtigen der Erdteile haben sich große »Zeichen ihrer Macht« geschaffen. Riesig und silberglänzend, bereit in Blitzesschnelle Vernichtung und Verderben zu verbreiten, stehen sie in vielen Gebieten der Erde.

Beeindruckendes sagen die Mächtigen über diese »Zeichen ihrer Macht«: unschlagbar, abschreckend, erstschlagfähig. Fast ehrfürchtig sprechen sie ihre Namen aus: A-Waffen, Kurzstreckenraketen, Pershing II, SS 20. Mit großen Geheimnissen werden diese Zeichen umgeben. Den neugierigen Augen der einfachen Menschen verborgen. Nur ab und zu wird durch ein Pressefoto oder eine kurze Fernsehaufnahme ein Blick auf solch ein »Zeichen der Macht« möglich.

Wunderdinge werden von ihnen versprochen: Sie garantierten Friede und Freiheit, Sicherheit, Gleichgewicht der Kräfte und Schutz vor dem Feind. Und als ob darin das ganze Glück der Menschen bestünde, sind sie bereit, diesen »Zeichen der Macht« Opfer zu bringen: Große Teile ihrer Wälder, große Teile ihres Bruttosozialprodukts, große Teile ihrer Arbeitsleistung und ihrer Intelligenz stellen sie für diese »Zeichen der Macht« zur Verfügung.

Nur wenige wollen diese »Zeichen der Macht« nicht. Sie sagen, es ist nicht gut, wenn Friede durch Abschreckung, wenn Freiheit durch Angst voreinander, wenn Sicherheit durch zu große Opfer erkauft werden. Sie meinen, daß dem Feind auch Gesten der Versöhnung, des Miteinander-leben-Wollens und Aufeinander-angewiesen-Seins gegeben werden müssen. Sie meinen, daß diese

»Zeichen der Macht« mit den Namen: A-Waffen, Kurzstreckenraketen, Pershing II und SS 20 keinen Schutz geben. Denn wenn sie erst einmal für den Schutz zum Einsatz gekommen sind, dann gibt es nichts mehr zu schützen.

Diese Menschen werden als Utopisten, als Dummköpfe, als In-die-Irre-Geleitete abgetan. Man will sie nicht hören; ihre Worte seien gefährlich und zerstörerisch.

Sie aber sprechen folgendes Gebet:

Gepriesen und gelobt bist du, Herr, Gott unserer Väter.
Herrlich ist dein Name zu allen Zeiten.
Der Mensch in deiner Hand erfährt Schutz und Geborgenheit.
Du gibst ihm die Kraft, sein Leben zu bestehen.
Du gehst mit ihm durch seine Dunkelheiten
und bist bei ihm, wenn er Angst hat.
Der Mensch, der nicht auf dich vertraut, jagt nach Stärke und Macht.
Mit hängender Zunge müht er sich durch sein Dasein.
Er sucht Orientierung bei großen Gedankengespinsten,
und Angst vor anderen Menschen quält sein Herz.

Wir haben dein Wort nicht beachtet,
dein Gesetz war in den Wind geschrieben.
Deine Botschaft galt bei uns einer »anderen Welt«.
Deswegen hast du uns einander ausgeliefert.
Die Mächtigen gebieten über die Völker,
sie finden miteinander keine Worte,
sie bekämpfen sich und drohen, einander umzubringen.
Die Ohnmächtigen tun ihnen gleich.
Es scheint die Spaltung der Erde festgemacht als ihr Unheil.

Verlaß uns nicht, Herr, unser Gott,
dein Name soll ja gelobt sein.
Dein Sohn ist doch nicht umsonst Mensch geworden!
Deine Botschaft ist doch durch alle Zeiten und Geschlechter
verkündet worden!
Viele Menschen haben doch auf dich gebaut
und auf dein Wort gehört!
Auch ihr Leben war ja nicht umsonst.

Deshalb, Herr, vertrauen wir uns dir an.
Unsere Sorgen und unsere Gebete, unsere Fürbitten und unser Tun
soll von deinem Willen getragen sein.
Versöhne uns miteinander,
laß unsere Herzen Ruhe finden bei dir.
Schenke uns deinen Frieden, damit wir ihn weitergeben können.
Schenke uns Mut, in unserer Angst aus uns herauszugehen.
Hilf uns, wie du immer schon den deinen geholfen hast.

Weil die Macht des Herrn, unseres Gottes, größer ist als die Menschen und deren Machwerke, deshalb singen wir dieses Lied:

All ihr Werke des Herrn,
ihr Engel des Herrn,
Sonne und Mond,
alle Sterne des Himmels,
Feuer und Sommersglut,
Kälte und Winter,
Tau und Regen,
Blitze und Wolken, preiset den Herrn.

Nächte und Tage,
Licht und Dunkel,
Berge und Hügel,
Meere und Ströme, preiset den Herrn.

Was auf Erden wächst,
was im Wasser sich regt,
ihr Vögel des Himmels,
ihr wilden und zahmen Tiere, preiset den Herrn.

Ihr Menschen alle,
Völker und Rassen,
Frauen und Männer,
Junge und Alte,
Arme und Reiche,
Gesunde und Kranke,
ihr Christen alle,
alles, was atmet, preise den Herrn!

Da sahen die Mächtigen der Erde, daß sie die Menschen nicht beeindrucken konnten. Die Mächtigen erkannten, daß sie keinen Einfluß auf jene hatten und sie ließen ab von ihrem Tun. Sie gingen in sich und lobten Gott den Herrn.

HERBERT GUBE

Diese Geschichte ist eine Aktualisierung der Erzählung nach Daniel, 3. Kapitel: Die drei Jünglinge im Feuerofen. Der Hymnus »Preiset den Herrn« findet sich mit Noten im Gotteslob, Nr. 281, möglich ist auch die Nr. 259.

Kreuzigen

kreuzigen
hinrichten – beseitigen – ausdemwegräumen –
indieeinzelzelleverlegen – elektrischeslichtbrennenlassen –
lebenslänglichgeben – sonderbehandlunganordnen

kreuzigen
umdieeckebringen – vernichten – liquidieren –
ausmerzen – säubern – exmatrikulieren –
bereinigen – begradigen – sanieren – kündigen –
mitkündigungdrohen – jemandenfertigmachen

kreuzigen
nichtszuwohnengeben – nichtslernenlassen –
ineineanstalteinweisen – auseinemkurortausweisen –
inseinemästhetischenempfindenverletztsein –
dasnichtmitansehenkönnen –
unseregegendnichtverschandelnwollen – vergasen

kreuzigen
ineindeutschesfürsorgeheimschicken – kriminalisieren –
jemandenabhängigmachen – jemandensüchtigmachen –
neurotisieren – einenkopfkürzermachen –
kopflosmachen – verdummen – denbodenunterdenfüßenwegziehen –
verängstigen – brutalisieren

kreuzigen
vergessen – verschweigen – esdochnichtaufbauschenwollen –
verdrängen – esnichtgewußthaben –
esfüreineneinzelfallhalten –
esfürunabänderlicherklären – eszulassen

kreuzigen
kaltmachen – zumverstummenbringen –
einenknebelindenmundstopfen –
jemandemkeinesprachebeibringen –
taubmachen – dieohrenverstopfen –
vertrösten – blindmachen – die augenausstechen –
jemandenzumkonsumentenerziehen –
blenden – ersticken

kreuzigen
dieendlösungvorbereiten –
aufdiewerteunserergesellschaftausrichten –
anpassen – hinrichten –

Dorothee Sölle

Vater unser im Himmel
also auch Vater der Vietnamesen, Amerikaner und Chinesen, die alle unsere Brüder sind.
Dein Reich komme
nach Berlin, Peking, Saigon, Washington und Hanoi. Wir bitten dich, laß die kriegführenden Mächte die Bereitschaft zum Frieden finden.
Dein Wille geschehe wie im Himmel so auf Erden
Bei mir will ich anfangen, deinen Willen zu tun, denn es ist besser, eine kleine Lampe einzuschalten als über die Dunkelheit zu fluchen.
Unser tägliches Brot gib uns heute
Wir kaufen Tabletten gegen den überflüssigen Speck, und in der Welt gehen täglich hunderttausend zu Grunde.
Und vergib uns unsere Schuld, wie auch wir vergeben unseren Schuldigern
Als Christen dürfen wir nicht warten, bis die anderen kommen, sondern müssen den ersten Schritt tun.
Und führe uns nicht in Versuchung
Bewahre uns vor der Versuchung der Gleichgültigkeit, denn die ganze Welt ist unsere Sache.
Sondern erlöse uns von dem Bösen
Befreie die Welt von der Last des Krieges und gib ihr neue Hoffnung, denn dein ist das Reich und die Kraft und die Herrlichkeit in Ewigkeit. Amen.

Unser Gott,
der Mächtige,
Ursprung und Vollender
aller Dinge,

segne dich,
gebe dir Gedeihen und Wachstum,
Gelingen deinen Hoffnungen,
Frucht deiner Mühe,

und behüte dich
vor allem Argen,
sei dir Schutz in Gefahr
und Zuflucht in Angst.

Unser Gott lasse leuchten sein Angesicht über dir,
wie die Sonne über der Erde
Wärme gibt dem Erstarrten
und Freude gibt dem Lebendigen,

und sei dir gnädig,
wenn du verschlossen bist in Schuld,
er löse dich von allem Bösen
und mache dich frei.

Der Herr erhebe sein Angesicht auf dich,
er sehe dein Leid
und höre deine Stimme,
er heile und tröste dich

und gebe dir Frieden,
das Wohl des Leibes
und das Wohl der Seele,
Liebe und Glück.

Amen.
So will es Gott,
der von Ewigkeit zu Ewigkeit bleibt.
So steht es fest nach seinem Willen
für dich.

JÖRG ZINK

Vater unser

Vater im Himmel, wir sind deine Jüngergemeinde, dein Volk; deshalb dürfen wir es wagen, dich als unseren lieben Vater anzureden.
Offenbare dich vor allen Völkern als der große, heilige Gott. Sammle dein Volk und mach es zum wahren Gottesvolk, damit dein Name vor der ganzen Welt geheiligt wird.
Laß deine Königsherrschaft anbrechen, damit endlich die Herrschaft von Menschen über Menschen aufhört und du allein unser Herr bist. Dein Reich komme.
Bring deinen Plan zu Ende, den Traum, den du schon immer geträumt hast von einer wahrhaft menschlichen Welt, von einer Welt voll Glück und Schönheit, von einer neuen Gesellschaft, die in deiner Kirche Gestalt gewinnt. Das ist seit Ewigkeit dein Plan, das ist dein Wille; laß deinen Willen geschehen.
Weil du unser lieber Vater bist, bitten wir dich: Gib uns heute so viel, wie wir zum Leben brauchen. Unsere erste Sorge soll dein Reich sein. Es soll uns so erfüllen, daß wir gar keine Zeit haben, zu planen, zu sorgen und ständig an uns selbst und an das Morgen zu denken. Sorg du für uns. Gib uns heute, für den einen Tag, unser Brot.
Wir bitten dich aber auch: Vergib uns unsere Schuld. Wir können das, was wir dir schuldig geblieben sind und ständig schuldig bleiben, ja niemals bezahlen. Erlaß uns all unsere Schuld. Du bist doch unser Vater. Wir sind uns bewußt, daß wir eine solche Bitte gar nicht aussprechen dürfen, wenn nicht auch wir unseren Brüdern und Schwestern alle Schulden, die sie bei uns haben, sofort und vollständig erlassen.
Gerade weil dein Reich mitten in unserer armseligen Geschichte anbrechen soll, droht auch die Versuchung: die Versuchung des Abfalls; die Versuchung, unsere Jüngerschaft aufzugeben; die Versuchung, die Menschen für unverbesserlich, die Welt für unveränderbar und die jetzigen Zustände eigentlich für ganz gut zu halten; die Versuchung, an deiner Kirche zu verzweifeln und an deinen Plan mit der Welt nicht mehr zu glauben. Mach, daß diese Versuchung uns nicht überwältigt. Laß uns ihr nicht erliegen, sondern reiß uns heraus aus der tödlichen Macht des Bösen.
Denn dein ist die Macht und die Herrschaft und das Reich in alle Ewigkeit. Amen.

Gerhard Lohfink

Alles spricht, dank dir, von dir

Alles, gar alles,
spricht mir, dank dir, von dir.
Wenn ich schreibe, verlange ich,
weißes Papier in deinen Händen zu sein,
worauf du schreiben kannst, was dir gefällt.
Wenn ich in einem Buch blättre,
hoffe ich zuversichtlich,
daß all diese Wörter nicht fruchtlos bleiben
und daß niemand schreibt,
der keine frohe Botschaft mitzuteilen hat.
Jeder meiner Schritte ruft mir in Erinnerung,
daß ich – wohin ich auch gehe –
immer zur Ewigkeit unterwegs bin.

Das Stimmengewirr der Leute,
das trockene Laub, das den Boden entlangwirbelt,
die vorübergleitenden Wagen,
die überladenen Schaufenster,
der Verkehrspolizist,
der Karren des Milchmanns, der arme Bettler,
Treppe und Fahrstuhl,
Eisenbahnschienen und Wellentäler,
Rassehunde und Straßenköter,
die schwangere Frau, der Zeitungsverkäufer,
der Straßenkehrer, Kirche und Schule,
Büro und Fabrik,
die Straßen, die man verbreitert,
die Hügel, die man einebnet,
der Hinweg und der Rückweg,
der Schlüssel, womit ich die Türe öffne,
der Schlaf wie das Wachen:
Alles, schlechterdings alles,
lenkt meine Gedanken auf dich.

Was soll ich dem Herrn schenken
für alles, was Er mir schenkt?

Dom Helder Camara

Danken will ich dir

Ich will folgen einem Licht weit oben,
ich will hören eine Stimme, die mich ruft.
Ich geh' bis auf den Berg, da bin ich sehr nahe bei Gott,
da will ich beten.
Ich will schreien so laut, daß die Welt mich hören kann
und mich begleitet auf meinem Weg bergauf;
sie soll mir helfen, deutlich zu machen,
was mein Laut der Liebe und des Glaubens sagen will.
Ich will dort bitten, daß die Sterne nicht aufhören zu scheinen,
daß die Kinder nicht nachlassen mögen, fröhlich zu sein,
und daß die Menschen nie vergessen mögen, dankbar zu sein.
Deswegen sage ich: Danke, o Herr,
für jeden Tag, den ich von neuem erlebe!
Was wäre mein Leben ohne den Glauben an dich?
Selbst wenn ich leiden oder auch weinen muß,
kann ich die Zuversicht haben,
daß das mir den Weg zeigt, der zu dir führt, von neuem zu dir.
Für jeden Tag, für jeden Sonnenaufgang,
danke ich dir, danke, o Herr!
Deswegen sage ich: Für das Licht der Sterne, für das Glück im Lächeln,
danke ich dir, danke, o Herr!
Und wiederum: Für den neuen Tag, für die Hoffnung,
danke ich dir, danke, o Herr!
Deswegen sage ich: Für das Lächeln der Menschen,
für die Versöhnung, danke ich dir, danke, o Herr, immer und ewig!

Roberto Carlos, Brasilien

A Du, guck mal, da hängen vier Kugeln im Raum

B Ich glaub, das sind nicht einfache Kugeln

A Wie kommst Du da drauf?

B Du, die hängen in der Kirche. Ich glaub, das sind Lautsprecher.

A Tatsächlich. Das sind doch die, die besondere Qualitäten haben. Was weißt Du von denen?

B Die heißen Kompaktstrahler, d. h. die Musik geht nach allen Seiten von den Lautsprechern ab. Vier Stück braucht man für die Quadrophonie. Fast wie im Konzertsaal.

A Aha, das gibt also eine besondere Klangfülle.

B Ja, und von den Dingern wiegt einer fast 6 Kilo. – Außerdem bringt einer 40 Watt Musikleistung. Du meinst, die Musiker stehen vor Dir, wenn Du die Augen zumachst.

A Allerhand – zusammen also 160 Watt – das ist phantastisch.

B Ganz toll sind sie auch für die Töne, Bässe *und* Höhen kommen gut raus, so zwischen 40–20 000 Hertz Frequenzbereich, die können ordentlich pfeifen.

A Das ist schon fast nicht mehr zu hören.

B Billig waren die ja auch nicht. Einer kostete fast DM 300,–. Aber gute Qualität war ja schon immer etwas teurer. Wenn Du noch etwas wissen willst: Der maximale Schalldruck bei voller Dynamik und HiFi-gerechter Wiedergabelautstärke liegt bei über 100 Dezibel.

A Da verstehe ich nichts mehr – das kann ich mir gar nicht vorstellen. Sag mal, mit diesen technischen Beschreibungen, kannst Du Dir da ein Bild von den Lautsprechern machen?

B Eigentlich auch nicht so recht. Ich weiß zwar einiges von ihnen. Aber ich müßte sie so richtig erleben.

A So geht's mir auch. Wir müßten die Dinger in vollem Betrieb erleben, damit wir sagen können, ob es wirklich Lautsprecher sind.

B Komm, wir probieren sie aus.

Mt 5,1ff.

A Du, guck mal, da sitzen Leute

B Ich glaube, das sind nicht einfache Leute

A Wie kommst du da drauf?

B Du, die sitzen in der Kirche, ich glaub, das sind Christen

A Donnerwetter, das sind doch die, die sich schon immer für den Frieden einsetzen, was weißt du von denen?

B Die sind *einfach* und verbrauchen nicht viel; sie sind mit dem Notwendigen zufrieden und brauchen auch keine großen Vorräte

A Aha, also sind die genügsam und wollen einfach leben

B Ja – und die haben eine Menge *Kontakte* mit den Armen, Traurigen und Kranken. Bei manchen kann das bis zur Solidarität mit denen gehen

A Ui – das hört sich ja fast abenteuerlich an, fast sozialistisch

B Dabei sind die gar nicht gefährlich. Sie sollen sogar *»sanft«* sein, wenn man ihnen nahekommt

A Also typische Pazifisten?

B Was sie aber unbedingt brauchen, ist *gerechte* Behandlung, sie wollen nicht einfach über einen Kamm geschert werden

A Aha – also ein Individuum neben dem anderen

B Ausgesprochen *hilfreich* sollen sie überall dort sein, wo Not am Mann ist und dabei keine Unterschiede machen

A Sind das am Ende Revolutionäre?

B Dabei auch noch völlig *problemlos*, ohne Hintergedanken im Umgang miteinander, auf einen Blick zu verstehen.

A Das soll es wirklich geben? – Die leben ja gefährlich

B Spannend wird's erst jetzt: Sie sind äußerst *friedfertig* und halten zusammen, daß kein Streit aufkommt

A Irgendwie hängt das – glaube ich – mit ihren anderen Eigenschaften zusammen

B Sie *ertragen* auch Ungerechtigkeiten, stecken sie einfach ein, wenn sie damit verhindern, daß es noch größere Ungerechtigkeiten gibt

A Leben die denn in einer Traumwelt?

B Noch besser, sie nehmen auch keine noch so schlechte Behandlung krumm, offensichtlich haben sie ein schlechtes Gedächtnis, weil sie nicht nachtragend sind.

A Du, das hört sich ja fast wie im Märchen an. Glaubst du, daß die wirklich funktionieren – schalt sie doch einmal an!

B (geht in die Sakristei – schaltet an einigen Knöpfen – dann ruft er:)
Kannst du mir sagen, wo man die anschaltet?

Aus dem Gottesdienst einer KJG-Diözesankonferenz 1983

antwort auf die frage der linken freunde warum wir beten

weil es uns um die brüderlichkeit geht
aller
nicht nur der christen oder einer anderen gruppe
aller
auch derer die nach uns leben werden
in unsern städten mit unserm wasser
von uns erzogen bis ins dritte und vierte glied
aller
der toten die vor uns gelebt haben
deren träume wir verraten haben
die träume von 1789 und die von 1917
weil es uns um die brüder geht
    darum sagen wir manchmal
    VATER UNSER

weil unsere aufgabe unendlich ist
und unsere sehnsucht nicht kleiner wird im lauf des lebens
weil christus nicht der trank für uns ist
sondern der der unsern durst verstärkt
    darum sagen wir manchmal
    DER DU BIST IM HIMMEL

weil wir an orten leben
wo menschen über menschen zu sagen haben
in betrieben, büros und schule
und wissen daß herrschaft die häufigste art ist
den namen gottes zu beleidigen
    darum sagen wir manchmal
    GEHEILIGT WERDE DEIN NAME

weil wir den kreislauf fürchten
von produktion und konsum und profit
für den sie uns abrichten wollen
    darum sagen wir manchmal
    DEIN WILLE GESCHEHE

weil wir nicht ohne angst sind auch vor uns selber
nicht ohne zweifel auch an uns selber und unserem weg
nicht ohne ironie auch für unsere versuche
    darum sagen wir manchmal
    DEIN REICH KOMME

wir sprechen mit gott
immer wenn wir uns auf die neue welt konzentrieren
wir reden vom täglichen brot
  und meinen den knopf der dem gefangenen in der zelle fehlt
  und die niedrigen zölle für waren aus ärmeren ländern
wir bekennen unsere schuld
  als eines der reichsten völker der erde
  die voller verhungernder ist
  als bürger eines geordneten landes
  das voller verzweifelnder ist
wir vergeben unsern schuldigern
  die uns um das leben betrügen
  indem wir nicht aufhören ihnen bessere vorschläge zu machen
  so ihre würde achtend
weil wir deutsche sind
blind vor nationalismus und krank an rachsucht
weil wir ganze länder nicht anerkennen
und grenzen des friedens nicht wahrhaben wollen
    darum sagen wir manchmal
    UND FÜHRE UNS NICHT IN VERSUCHUNG

weil wir untertan sind
und nicht gelernt haben herrschaft zu begrenzen
und mächtige zu kontrollieren
und es noch kaum verstehen unser schicksal mitzubestimmen
weil wir uns überlassen
der resignation und dem blinden schmerz
    darum sagen wir manchmal
    SONDERN ERLÖSE UNS VON DEM ÜBEL

weil wir glauben brauchen für das reich
das wir sind und bauen
und ermutigung für unsere arbeit
daß wir nicht umsonst entwerfen
    darum sagen wir manchmal
    DEIN IST DAS REICH UND DIE KRAFT
    UND DIE HERRLICHKEIT
und setzen darauf daß gott sei
IN EWIGKEIT für uns

Dorothee Sölle

Um Humor

Schenke mir eine gute Verdauung, Herr, und auch etwas zum Verdauen. Schenke mir Gesundheit des Leibes, mit dem nötigen Sinn dafür, ihn möglichst gut zu erhalten.
Schenke mir eine heilige Seele, Herr, die das im Auge behält, was gut ist und rein, damit sie im Anblick der Sünde nicht erschrecke, sondern das Mittel finde, die Dinge wieder in Ordnung zu bringen.
Schenke mir eine Seele, der die Langeweile fremd ist, die kein Murren kennt und kein Seufzen und Klagen, und laß nicht zu, daß ich mir allzuviel Sorgen mache um dieses sich breit machende Etwas, das sich »ich« nennt.
Herr, schenke mir Sinn für Humor, gib mir die Gnade, einen Scherz zu verstehen, damit ich ein wenig Glück kenne im Leben und anderen davon mitteile.

Thomas Morus

Die Steinsuppe

In einer mittelalterlichen Legende wird erzählt: Drei hungrige Soldaten kommen in eine Stadt und suchen etwas zu essen. Sie bitten die Bürger erst freundlich, dann dringend! Schließlich fordern sie, daß diese Stadt sie, die Soldaten des eigenen Heeres, gefälligst zu ernähren habe. Die Bürger reagieren nicht. Im Gegenteil: Je drängender die Soldaten fordern, desto mehr verschließen sich ihre Gesichter.
Da haben die Soldaten einen Einfall! Sie besorgen sich einen großen Kessel, füllen ihn geduldig mit Wasser und werfen mit auffälligen Gebärden einige Steine in den Topf. Dann machen sie Feuer. Und die Bürger können ihrer Einbildungskraft nicht widerstehen. Kaum glaublich, einige bieten Karotten an, um den Geschmack zu verbessern, andere schlagen Salz vor, noch andere bringen Hafer, sogar Fleisch. Jeder macht sich Gedanken, wie man die Suppe verbessern könne und trägt etwas zu dem merkwürdigen Unternehmen bei. Am Ende haben die Soldaten nicht nur die Suppe, sondern sie haben auch die Bewohner der Stadt zu einem fröhlichen, selbstlosen Fest zusammengebracht.

Manfred Linz

das pferd macht den mist im stalle, und obgleich der mist einen unflat und stank an sich hat, so zieht dasselbe pferd doch den mist mit großer mühe auf das feld, und dann wächst daraus edler, schöner weizen und der edle, süße wein, der nimmer so wüchse, wäre der mist nicht da – also trage deinen mist, das sind deine eigenen gebrechen, die du nicht abtun und ablegen noch überwinden kannst, mit müh und mit fleiß auf den acker des liebreichen willens gottes in rechter gelassenheit deiner selbst.

Weitermachen

In der Mitte des vorigen Jahrhunderts tagte in einem Staat des nordamerikanischen Mittelwestens das Parlament dieses Staates. Ein fürchterliches Unwetter, wie es in jener Gegend vorkommt, zog herauf und verdunkelte den Himmel. Es wurde schwarz wie die Nacht, und der Weltuntergang schien nahe. Die Parlamentarier wollten voll Schrecken die Sitzung abbrechen und aus dem Sitzungssaal stürmen. Der Sprecher des Parlaments rief ihnen zu: »Meine Herren! Entweder die Welt geht jetzt noch nicht unter und unser Herr kommt noch nicht – dann ist kein Grund vorhanden, die Sitzung abzubrechen. Oder unser Herr kommt jetzt – dann soll er uns bei der Arbeit finden. Die Sitzung geht weiter!«

G. W. Heinemann

Ich möchte Leuchtturm sein
in Nacht und Wind –
für Dorsch und Stint,
für jedes Boot –
und ich bin doch selbst
ein Schiff in Not!

Wolfgang Borchert

Wunsch:
Daß Gott
ein Tätigkeitswort werde

Kurt Marti

So sprach Jahwe:
Macht euch auf den Weg, mit dem alles anfing.
Befragt die Pfade eurer Urväter,
welcher der Weg zum Glück ist – und den geht!
So werdet ihr Geborgenheit und Heil für euch finden.

Jeremias 6,16

Ich bin der Weg,
die Wahrheit
und das Leben.

Johannes 14,6

Inhaltsverzeichnis

Kapitel VII Hart haben sie mich bedrängt
mit Psalmen beten

Kapitel VIII Du hast uns den Frieden anvertraut
Schöpfung bewahren

Kapitel IX Gott spielt nicht mehr mit
Frieden schaffen

Kapitel X *Nicht vom Brot allein*
am Tag entlang beten

Kapitel XI *Zwischen Kreuzigung und Auferstehung*
an Jesus Christus erinnern

Stichwortverzeichnis

Zur Leseart: Natürlich konnten wir nur Anregungen geben – bei der Fülle der Texte ist es fast unmöglich, alle Bereiche und Stichworte zu den Texten aufzugreifen. Das Verzeichnis besitzt deshalb auch keinen Anspruch auf Vollständigkeit, sondern versteht sich vielmehr als kleine Hilfestellung für die/den LeserIn.

Quellenverzeichnis

Die in diesem Buch aufgenommenen Texte wurden
– mit freundlicher Erlaubnis der Verlage –
den folgenden Büchern entnommen:
(Die Seitenzahlen, die mit einem * gekennzeichnet sind,
geben den Fundort in BETEN DURCH DIE SCHALLMAUER an.)

Werner Schaube
BEVOR DES TAGES LICHT VERGEHT
Abendgebete
© Verlag Ludwig Auer, Donauwörth 1990
* S. 206

ARBEITSHEFT ZUR BIBELWOCHE
Das Vaterunser
42. Bibelwoche 1979/80
Seite 20
© Aussaat Verlag, Neukirchen-Vluyn

Uwe Seidel, Diethard Zils
PSALMEN DER HOFFNUNG
Texte für jeden Tag
S. 23, 22, 89, 12, 70, 38, 82, 13, 24, 39, 72
© Aussaat Verlag, Neukirchen-Vluyn
*S. 39, 64, 68, 78, 80, 90, 109, 173, 176, 199, 210

SCHALOM
Eine Zeitschrift für evangelische und katholische Jugend
© Aussaat Verlag, Neukirchen-Vluyn
Heft April 1983: *S. 53/53
Heft Juni 1983: *S. 84, 209, 215, 216
Heft November 1981: *S. 92
Heft September 1983: *S. 145
Heft November 1980: *S. 218
Heft Mai 1983: *S. 223

JANOSCH ERZÄHLT GRIMMS MÄRCHEN
2. Auflage der veränderten Neuausgabe,
31.–38. Tsd. 1994
© 1972, 1991 Beltz Verlag, Weinheim u. Basel
Programm Beltz & Gelberg, Weinheim
*S. 115

Stephan Röder, Rüdiger Schaarschmidt (Hg.)
BETEN GEHT UNTER DIE HAUT
© 1984 by Benziger Verlag, Zürich-Köln
*S. 17, 43, 189, 195, 196, 199, 200, 205, 206

IMAGE
Pfarrbrief-Materialdienst
© Bergmoser+Höller Verlag GmbH, Aachen
*S. 182

HERR, ICH WERFE MEINE FREUDE
Textübertragung: Fritz Pawelzik
© R. Brockhaus Verlag, Haan
*S. 190

Udo Haltermann (Hg.)
AUF DER STRASSE DER SEHNSUCHT
SUMMT DIE GITARRE EIN LIED
Seite 25
© Verlag Butzon & Bercker, Kevelaer 1979
*S. 45 (Vorbilder)

Wilhelm Willms
DER GEERDETE HIMMEL
Wiederbelebungsversuche
7. Auflage 1986
© Verlag Butzon & Bercker, Kevelaer
*S. 121 (Wußtest du schon)

Alfonso Pereira (Hg.)
JUGEND MIT GOTT
Gedanken und Gebete
6. Auflage 1983 – Seite 260
© Verlag Butzon & Bercker, Kevelaer
*S. 43 (Wer bin ich)

Wilhelm Willms
MITGIFT
Eine Gabe, mitgegeben in die Ehe.
Unter Mitarbeit von Ruth Gildemeier, Peter Neysters,
Conrad M. Siegers
– 8. Auflage 1991
© Verlag Butzon & Bercker, Kevelaer
* S. 69 (Taufe)

HILFE FÜR EINEN GOTTESDIENST ZUM
JAHRESTAG DER ERMORDUNG VON
ERZBISCHOF ROMERO
herausgegeben von der
Christlichen Initiative El Salvador
© Christliche Initiative El Salvador, Münster 1981
*S. 20

DU BIST DER ATEM MEINER LIEDER
Text: Huub Oosterhuis
Textübertragung: Johannes Bergsma 1976
© Christophorus-, Herder-, Burckhardhaus Verlag,
Freiburg, Wien, Gelnhausen
*S. 68

DU BIST DER ATEM MEINER LIEDER
Text: Huub Oosterhuis
Textübertragung: Lothar Zenetti, 1976
© Christophorus-, Herder-, Burckhardhaus Verlag,
Freiburg, Wien, Gelnhausen
*S. 69

Marie Luise Kaschnitz
MEIN SCHWEIGEN – DEINE STIMME
© 1962 Claassen Verlag GmbH, Düsseldorf
(jetzt Hildesheim)
*S. 46

Equipo Pastoral de Bambamarca
VAMOS CAMINANDO –
MACHEN WIR UNS AUF DEN WEG
Glaube, Gefangenschaft und Befreiung in den
peruanischen Anden
© edition liberación, Münster 1983
© Edition Exodus, Fribourg 1983
*S. 95

Joachim Fuhrmann (Hg.)
TAGTÄGLICH
Rowohlt Taschenbuch Verlag, Reinbeck 1976
(Rotfuchs)

© alle Rechte liegen beim Autor Volker Erhardt
*S. 125

ICH SPIELE ALSO BIN ICH
Ein Seh-, Denk- und Lesebuch von Wolfgang Dietrich
© Verlag am Eschbach GmbH, Im Alten Rathaus, 79427 Eschbach/Markgräflerland, 1981
*S. 128

LEBENSREGELN
Für den Alltag
Bedacht und zum Lesen und Vorlesen weitergegeben von Jürgen Schwarz
© Verlag am Eschbach GmbH, Im Alten Rathaus, 79427 Eschbach/Markgräflerland, 1981
*S. 142

Charlotte Schmitthenner
SAMMELT DIE SCHWERTER EIN
Mit neuer Stimme Frieden schaffen
© Verlag am Eschbach GmbH, Im Alten Rathaus, 79427 Eschbach/Markgräflerland, 1982
*S. 174

HAMBURGER LYRIK TEXTE
Herbert Reich, Evangelischer Verlag GmbH, Hamburg
© Eulenhof Verlagsauslieferung, Karin Kerkhoff, 22045 Hamburg
*S. 175

Dorothee Sölle
DIE REVOLUTIONÄRE GEDULD
Schritte 26
© Wolfgang Fietkau Verlag, Berlin 1974
*S. 94, 103

Dorothee Sölle
SPIEL DOCH VON BROT UND ROSEN
© Wolfgang Fietkau Verlag, Berlin 1981
*S. 60, 79, 183, 213, 237

Luise Rinser
KRIEGSSPIELZEUG
Tagebuch 1972–1978
© S. Fischer Verlag GmbH, Frankfurt am Main, 1978
*S. 89

Thiago de Mello
GESANG DER BEWAFFNETEN LIEBE
© Peter Hammer Verlag, Wuppertal 1976
*S. 157

Ernesto Cardenal
IN DER NACHT LEUCHTEN DIE WÖRTER
Das poetische Werk, Band 1
© Peter Hammer Verlag, Wuppertal 1985
*S. 54

Günter Kunert
ERINNERUNG AN EINEN PLANETEN
© 1963 Carl Hanser Verlag München Wien
*S. 146

NEBELSPALTER
© alle Rechte liegen beim Autor Peter Heisch
*S. 224

Petrus Ceelen/Carlo Caretto
EHRLICH VOR GOTT
© Verlag Herder, Freiburg
4. Auflage 1984
*S. 34, 203

Petrus Ceelen
HINTER GITTERN BETEN
© Verlag Herder, Freiburg, 4. Auflage 1984
*S. 112

Phil Bosmans
VERGISS DIE FREUDE NICHT
© Verlag Herder, Freiburg
50. Auflage 1996
*S. 36, 124

Mahatma Gandhi
WORTE DES FRIEDENS
© Verlag Herder, Freiburg
11. Auflage 1996
*S. 188

Huub Oosterhuis
MITTEN UNTER UNS
Die schönsten Gebete von Huub Oosterhuis ausgewählt und übertragen von Peter Palowsky
S. 85, 53, 64–66, 48+49, 115, 151+152
© Verlag Herder & Co., Wien 1982
*S. 46, 65, 72, 177, 178, 188

Eric Hultsch
BETEN FÜR NICHTBETER
Möglichkeiten und Anregungen, Seite 106 und 107 erschienen im Benziger Verlag, Zürich-Köln, 1973
© alle Rechte liegen bei Prof. Eric Hultsch, Graz
*S. 51

IM GESPRÄCH
Heft 1/1979
Familie und Gesellschaft in Geschichte und Gegenwart
Herausgegeben vom Institut für Begabtenförderung der Konrad-Adenauer-Stiftung, Rathausallee 12, 53757 St. Augustin
© Institut für Begabtenförderung, St. Augustin
*S. 126

Antonio Reiser, Paul Gerhard Schoenborn (Hg.)
BASISGEMEINDEN UND BEFREIUNG
Lesebuch zur Theologie und christlichen Praxis in Lateinamerika. S. 199, 219, 335+336
© Jugenddienst Verlag, Wuppertal 1981
*S. 75, 96, 225

Uwe Seidel, Diethard Zils (Hg.)
GEBETE ZUM FRIEDEN
2. Auflage 1983, S. 6, 13, 50, 33, 104, 106, 113
© Jugenddienst Verlag, Wuppertal
*S. 36, 110, 143, 144, 179, 182

Antonio Reiser, Paul Gerhard Schoenborn (Hg.)
SEHNSUCHT NACH DEM FEST DER FREIEN MENSCHEN
S. 41, 45, 53, 107, 166
© Jugenddienst Verlag, Wuppertal
*S. 175, 234, 74, 212, 217, 65

Dietrich Bonhoeffer
WIDERSTAND UND ERGEBUNG
© Chr. Kaiser/Gütersloher Verlagshaus, Gütersloh.
*S. 50

TEXTE FÜR GRÜNE CHRISTEN
Grün ist die Farbe Gottes.
Ein Lesebuch für Umweltbewußte. Ausgewählt und herausgegeben von Peter Karner u. Erika Fuchs. – S. 158
© Alle Rechte liegen beim Autor Peter Karner
*S. 197

Peter Paul Kaspar
GLAUBE AUF EIGENE GEFAHR
Provokationstexte
© alle Rechte liegen beim Autor Peter Paul Kaspar
*S. 81, 104

ZEIGE DEINE WUNDE
herausgegeben vom Bundesamt der Katholischen Studierenden Jugend
S. 131, 267 u.a.
© Bundesamt der Katholischen Studierenden Jugend, Köln 1982
*S. 16, 37, 90, 221

Gerhard Kiefel (Hg.)
DU
© Johannes Kiefel Verlag, Wuppertal
Verl. Katholisches Bibelwerk GmbH, Stuttgart
Aussaat Verlag, Neukirchen-Vluyn
*S. 120

Kurtmartin Magiera
HERR ZETT
© 1972 by Verlag Josef Knecht, Frankfurt am Main
*S. 100

DURCH DAS JAHR – DURCH DAS LEBEN
Hausbuch der christlichen Familie
© Kösel Verlag, München 1995
*S. 214

Jörg Zink
DIE WELT HAT NOCH EINE ZUKUNFT
Eine Anregung zum Gespräch
© Kreuz Verlag, Stuttgart 1973
*S. 159

Dorothee Sölle
POLITISCHE THEOLOGIE
© Kreuz Verlag, Stuttgart 1971 und 1982
*S. 229

Jörg Zink
WIE WIR BETEN KÖNNEN
S. 246
© Kreuz Verlag, Stuttgart, 1970
*S. 129

Jörg Zink
WIE WIR BETEN KÖNNEN
S. 56, 23, 107, 77, 75, 83, 80, 244ff.
© Kreuz Verlag, Stuttgart, überarbeitete Fassung '91.
*S. 28, 83, 167, 191, 195, 201, 202, 231

Christa Peikert-Flaspöhler
FRIEDE, NIMM MEINE HAND
Gedichte
S. 25 und 46
© Lahn-Verlag, Limburg 1984
*S. 101, 181

Christa Peikert-Flaspöhler
STELLENANGEBOT
Gedichte
2. Auflage 1982
S. 16f, 121, 81, 36f, 48, 51, 65–67, 45, 135f
© Lahn-Verlag, Limburg 1980
*S. 32, 58, 59, 85, 99, 114, 151+152, 154, 180

Bernhard Lang
GIB UNS DIE SPRACHE WIEDER
erschienen im Verlag Katholisches Bibelwerk GmbH, Stuttgart 1976
© alle Rechte liegen beim Autor Prof. Bernhard Lang, Paderborn
*S. 15, 22, 23, 38, 45, 88, 91, 111, 123, 205

Manfred Langner, Christine Recker (Hg.)
HORIZONTE
Gebete und Texte für Heute
© alle Rechte liegen beim Autor Manfred Langner
*S. 71, 172

Manfred Langner
WIDER DIE RESIGNATION
S. 12, 60
© alle Rechte liegen beim Autor Manfred Langner
*S. 110, 224

PASTORAL THEOLOGIE
© alle Rechte liegen beim Autor Manfred Linz
*S. 240

CHRIST IN DER GEGENWART
Heft Mai 1984
Freiburg im Breisgau
© alle Rechte liegen beim Autor Gerhard Lohfink
*S. 232

NEUE TEXTE FÜR DEN GOTTESDIENST
Heft 8
Persönliche Gebete für Zeitgenossen
© Luchterhaus Verlag, Hannover
*S. 192

Kurt Marti
Werkauswahl in fünf Bänden, aus
NAMENSZUG MIT MOND
Gedichte
© Verlag Nagel & Kimche AG, Zürich/Frauenfeld 1996
*S. 41, 44, 222

Ulrich Schaffer
KREISE SCHLAGEN
© Oncken Verlag Wuppertal und Kassel
*S. 88, 132, 185, 211

Dom Helder Camara
MACH AUS MIR EINEN REGENBOGEN
© pendo verlag, Zürich 1981

Lothar Zenetti
SIEBEN FARBEN HAT DAS LICHT
© J. Pfeiffer Verlag, München 1987
*S. 79

Antoine de Saint-Exupéry
DER KLEINE PRINZ
© Karl Rauch Verlag, Düsseldorf 1956
*S. 48

Josef Reding
ACH UND KRACH TEXTE
Engelbert-Verlag, Balve
© alle Rechte liegen beim Autor Josef Reding
*S. 19

Alfonso Pereira (Hg.)
JUGEND MIT GOTT
Verlag Butzon & Bercker, Kevelaer
6. Auflage 1983
© alle Rechte liegen beim Autor Josef Reding
*S. 76

Josef Reding
NENNT SIE BEIM NAMEN
Asphaltgebete
Verlag Herder, Freiburg
© alle Rechte liegen beim Autor Josef Reding
*S. 14, 47, 96, 98, 100, 113, 127, 131, 149f, 203, 208

REFORMIERTES KIRCHENBLATT
Heft 12/1980 – Wien
© Redaktion „Reformiertes Kirchenblatt", Wien
*S. 155

Theo Schmidkonz
TISCHGEBETE – BERGPREDIGT JESU
© by Rex Verlag, Luzern, Stuttgart
*S. 198

Wolfgang Borchert
DAS GESAMTWERK
© 1949 by Rowohlt Verlag, Hamburg
*S. 241

Hans Frevert (Hg.)
WEM GEHÖRT DIE ERDE
Erzählungen, Gedichte und Bilder zur Bergpredigt
S. 125
© Signal Verlag, Hans Frevert GmbH & Co.KG, Baden-Baden 1984
*S. 119

Erich Legler
SEGNE, VATER UNSER ESSEN
Die Reihe für Dich, Band 8
© Süddeutsche Verlagsgesellschaft mbH, Ulm
*S. 197, 198

Gustav Wilhelm Heinemann
ALLEN BÜRGERN VERPFLICHTET
1. Band der Reden und Schriften
© Suhrkamp Verlag, Frankfurt am Main 1975
*S. 240

Ernst Penzoldt
DIE LIEBENDEN UND ANDERE PROSA AUS DEM NACHLASS
© Suhrkamp Verlag, Frankfurt am Main 1958
*S. 183

Bertolt Brecht
GESCHICHTEN VOM HERRN KEUNER
8. Auflage 1978
© Suhrkamp Verlag, Frankfurt am Main
*S. 35

Bertolt Brecht
© Suhrkamp Verlag, Frankfurt am Main
*S. 125

Josef Dirnbeck, Martin Gutl
ICH WOLLTE SCHON IMMER MIT DIR REDEN
Meditationstexte
4. Auflage 1986
© Verlag Styria, Graz, Wien, Köln
*S. 15, 23, 86, 91

Josef Dirnbeck, Martin Gutl
ICH BEGANN ZU BETEN
Texte für Meditation und Gottesdienst
7. Auflage 1992
© Verlag Styria, Graz, Wien, Köln
*S. 18, 24, 26, 108

Martin Gutl
DER TANZENDE HIOB
6. Auflage 1992
(Neuausgabe)
© Verlag Styria, Graz, Wien, Köln
*S. 27, 63, 73

Martin Gutl
LOBLIED VOR DER KLAGEMAUER
Texte
4. Auflage 1990
© Verlag Styria, Graz, Wien, Köln
*S. 32, 77, 126, 129, 219

Erich Fried
EINBRUCH DER WIRKLICHKEIT
© Verlag Klaus Wagenbach GmbH, Berlin 1996
*S. 130 (Wenn ihnen etwas zu nahe geht)

Erich Fried
GRÜNDE
© Verlag Klaus Wagenbach GmbH, Berlin 1989
*S. 102 (Gründe)

Erich Fried
LIEBESGEDICHTE
Quartheft 103
© Verlag Klaus Wagenbach GmbH, Berlin 1979
*S. 130 (Trennung, Die guten Gärtner)

Lothar Zenetti
TEXTE DER ZUVERSICHT
J. Pfeiffer Verlag, München 1987
© alle Rechte liegen beim Autor Lothar Zenetti
*S. 25, 61, 62, 81, 184

Wir möchten uns an dieser Stelle bei den Verlagen bedanken, daß sie durch ihr bereitwilliges Entgegenkommen bei der Lizenzvergabe mit dazu beigetragen haben, diese Anthologie herausgeben zu können. Trotz umfangreicher Recherchen ist es uns nicht in allen Fällen gelungen, die Rechtverhältnisse einzelner Titel zu klären. Für Hinweise sind wir dankbar.

Die Zeit ist reif für...

AusZeiten!
Hg.: KJG-Bundesleitung
224 Seiten, 2. Auflage 1997
ISBN 3-929176-25-4

MahlZeiten!
Hg.: Martin Röse
116 Seiten, 1. Auflage 1996
ISBN 3-929176-26-2

...AusZeiten!

„AusZeiten!" ist ein Gebetbuch, das kein Gebetbuch ist. Wie bitte? Genau: Kein Rückschritt in die Vergangenheit heilen Kinderglaubens und hoffnungslos vorgestriger Floskeln. Nein, keine Antworten mehr, die gibt's schon zu genüge, aber Texte und Gebete, die sich aufmerksam anpirschen, vorsichtig werden und nicht alles aufheben, was es unterwegs an Geheimnissen (noch) zu entdecken gibt. Auch im Glauben. Selbst in der Kirche. Bestimmt im Gebet. Deshalb haben wir dieses Buch herausgegeben, deshalb die Texte und Gebete von „AusZeiten!" ausgesucht, damit jedeR sieht: „Aber... — das ist doch kein Gebetbuch!" Stimmt!

...MahlZeiten

Tischgebete sind tot! Wir leben im Zeitalter der Mikrowellen, des kleinen Hungers, der Diätpläne. Undenkbar, den Herrn Jesus als Gast an unseren Tisch, möglicherweise bei McDonald's, kommen zu lassen? Den Freunden traditioneller Tischgebete dürfte diese Anthologie mit 99 neuen Texten und Gebeten zu Tisch zu beißen geben, für alle anderen ist „MahlZeiten" ein gefundenes Fressen.

„MahlZeiten: ein neuer Anfang zum Thema Tischgebet!" ***WDR***

„Eine außergewöhnliche Sammlung von Texten zu Tisch... Diese Tischgebete gehen unter die Haut und machen obendrein Spaß!" ***Rheinische Post***

„...frisch, garstig, jung und direkt."
Neuß-Grevenbroicher Zeitung

„AusZeiten!" und „MahlZeiten" erhalten Sie direkt bei uns. Anruf, Postkarte oder Fax genügt!

KJG Verlagsgesellschaft mbH

KJG Verlagsgesellschaft mbH · Düsseldorfer Straße 4 · 41460 Neuss
Bestelltelefon (0 21 31) 56 89-24 · Bestellfax (0 21 31) 56 89-88